香港非物質文化遺產系列

香港黃大仙信俗

游子安 危丁明 鍾潔雄 編著

書作坊出版社

Contents

目錄

李耀輝

序言

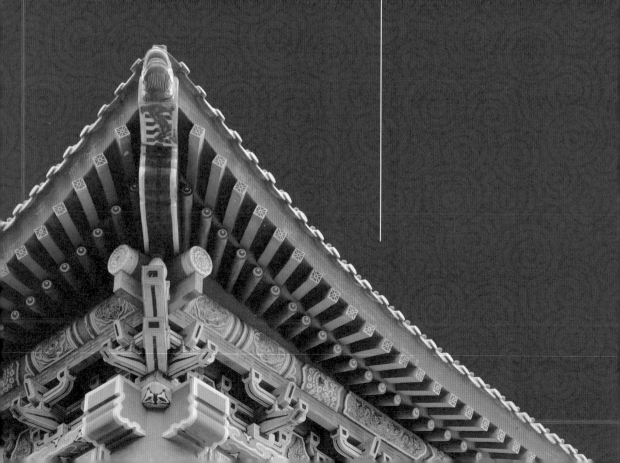

　　與游子安、危丁明及鍾潔雄「三劍俠」結緣，已有一段頗長的時間了。早於2000年初，本人參與嗇色園出版事務時，已邀得他們相助。2013年時，本人邀得游子安教授協助本園的「香港黃大仙信俗」申辦「國家級非物質文化遺產」項目，並於2014年取得成功。多年來，與「三劍俠」一直合作無間，無論是廟內的文化講座、學術會議或有關非遺保育等相關事宜，皆會得到他們的共襄盛舉，本人由衷感謝！新近，同事又在申辦本人為「黃大仙信俗的承傳人」，藉著游教授新書徵我為序的機會，我也來談談多年來仙師信俗文化在本港的傳揚情況，以及本人做過的一些工作。

　　感恩於仙師對本人的護佑，自八十年代入道嗇色園普宜壇，至九十年代退休後，一直義務參與園內大小事宜，尤其積極參與園內所有管理、義務宣道及科儀等壇務，並且致力優化黃大仙祠管理架構、弘揚黃大仙信俗內涵。1997年，本人正式成為嗇色園董

事，其後（1999至2007年）忝任嗇色園副主席、秘書長等職。2007至2011年，又獲推舉為嗇色園董事會主席，同時兼任嗇色園監院至今。期間，園內的建設、日常科儀（神誕及拜懺），開設文化班、高功班以及（會員弟子）皈依冠巾入道等儀式，皆由本人一力策劃、傳授，以致力傳承黃大仙信仰文化。

回想起本人學道的歷程，前期確實為半途出家，但自有空閒時，本人已開始「旅遊問道」，在參訪名山宮觀的同時，其實也是拜師學道的好時機，所幸期間積攢了很多道學知識與學問。園內，在承繼普宜壇老道長的道教儀範之餘，同時也因應香港的地域環境對科儀加以改革、創新。2005年4月，本人在園內的宗教事務委員會轄下開設了「嗇色園經懺科儀文化班」，其後制定「皈依冠巾證盟科儀」以廣納會員弟子，並傳承科儀文化。2019年起，連續三年開設「高功科儀文化班」，專以訓練高功法師設壇、誦經、步罡等科儀內涵，從中傳授科儀技藝，繼往開來。

談到傳承黃大仙科儀文化方面，過去本人曾閉關一段時間，以重新編制十多項科儀經本（如：《大獻供》、《封棺說法：遣喪發靷》等），並由自己親自擔任科儀主科，演法科儀於海內外的壇場、道觀，這些科儀活動主要有：2007年在深水埗大球場的「慶十載回歸迎08奧運為全港市民祈福禮斗大典」；2015年在香港

紅磡體育館的「讚星禮斗大法會」；2016年在蘭溪黃大仙宮的「大獻供科儀」；2017年在澳門哪吒廟的「祈福迎祥獻供大法會」；2019年在中國台灣佛光山的「世界神明聯誼會禮十方科儀」，等等。

其實，過去本人已認識到，道教科儀自上而下，由傳統的名山宮觀而流傳到民間的過程中，很多地方上道徒的科儀傳承，都會因時制宜，而有所改革。所以，本人依據道教經本而制訂的科儀，主要有《上契黃大仙師科儀》、《孔聖先師啟蒙開筆禮》及《七夕結緣儀式》等；其中「上契」已舉辦了六屆、「開筆禮」已舉辦了四屆，累計有1800名契子女、1000名啟蒙學子參與活動。至於在弘揚傳統道教文化暨黃大仙師信俗文化等方面，主要是2016年本人在香港理工大學中國文化學系開設「道教文化課程」（碩士班）；據同道們反映，這是首次有道門的道長在香港大專院校講授道教文化及黃大仙信俗文化。屈指一數，本人已先後為本園普宜壇培育了十多名高功法師，而可入壇的經生、法師計有數百名不等了。

本人捫心自問，皈依入道四十年，由普通會員到董事、主席及監院等職務，一向秉承黃大仙師「普濟勸善」的寶訓，尤其在香港道教宮觀的管理、建設和科儀等範疇方面花費心力尤多，可謂問心無愧。至於宮觀管理方面，比如設立董事會九大委員會

（審核、財務、人事及行政、物業管理、宗教事務、醫療服務、社會服務、教育、文化）以制定行政管理架構；在殿堂建設、維修、保養等方面提出「綠色廟宇」建設方針；興建殿堂以奉祀神明（太歲元辰殿、王靈官殿、藥王殿、財神宮、碧霞殿及悟道堂行政樓等）。本人皆憑藉個人的技藝、靈感及感應能力，確立了宮觀日常的科儀，包括：祈福、謝恩、春秋二祭、讚星禮斗、酬神、慶賀、禮懺及開光等。至於舉辦法會或神明出巡（廟會）等壇場所需的經讚、科本、供品、文疏、壇儀、醮師等，皆由本人一力承擔，並指揮吩咐支配員工進行設置。能有這些心力的奉獻，除了感恩神明的感應，部份亦是本人長久以來的累積經驗與不斷的學習。

再者，黃大仙祠在本人的管理下，本人亦不忘回饋社區、善信，為香港社會的公益善業多做些事情。本人不得不說，嗇色園的善業的主要經濟來源是善信捐助的香油錢。我園擁有的的社會慈善設施，皆是靠黃大仙師的信眾去營建來的，現在主要有：十六間耆英服務中心、中西醫藥局、十六間中小學幼稚園等。

此外，本人於近十年來亦提倡於廟內設立定期的公開活動，如：「祈福結緣誦經班」，公開讓善信報名參與祈福拜懺等科儀；其他公開活動，又如：「萬人祈福讚星禮斗大法會」（2015年）、大型「廟會」黃大仙師出巡、每年頭炷香及黃大仙師寶誕

等，每年皆吸引中外善信、遊客參與其中，盛況空前，人流如鯽。這些年，香港社會出現的一些社會事件、疫病的蔓延等，使民生經濟衰微起來。但，本人在盡心盡力配合政府政策之餘，亦未忘為保護「香港黃大仙信俗」這項「國家級非物質文化遺產」，因而倡建了「黃大仙信俗文化館」。今年，又於區內新蒲崗購置單位建立「嗇色園文藝苑」，皆是為培育及弘揚黃大仙信俗文化為目的。同時，本人也提出為「香港黃大仙信俗」定期舉辦大型研討會，並出版與信俗文化相關的書籍。在未來的日子，本人已倡議成立「國際黃大仙信俗文化會」，藉以聯絡及組織國際間的黃大仙信徒，相互交流，共同為弘揚及傳承大仙信仰而努力。

去年（2021年）為本園創壇於九龍獅子山下竹園村的一百周年紀慶，本園舉辦了很多大大小小的活動，也出版了書籍介紹這一百年的歷史文化。看了「三劍俠」這本《香港黃大仙信俗》的書籍，內容豐富，圖文並茂，我想這又是另一本了解香港黃大仙信俗的好材料，好書籍。作者考鏡源流，從本園的前壇（普濟壇、普慶壇）去加探究、翻查史料，及探究、分析了晚清至民國時期，社會環境及時代背景下，對當時信眾百姓的影響。這種種的因由，也促成了本壇先道長梁仁菴道長逃難並攜帶仙師畫像來港，之後在仙師的運化下，輾轉在竹園建壇的經過。書中也對本

壇的善書（《驚迷夢》、《醒世要言》及《三教明宗》等）、乩文、籤語（靈籤、藥籤）及史籍文獻等，加以解讀、詮釋，讓本人對舊壇之歷史、文化及前人先同道侶們，有更深入的瞭解。此書亦有對本港有供奉黃大仙的大小廟宇進行田野調查、勘究廟宇源流，及對黃大仙師於本地的傳播及奉祀情況，作了詳實的報導與紀錄，以不同歷史視角，為讀者全面解讀了香港黃大仙信俗文化史。

最後，再一次感恩「三劍俠」為香港黃大仙信俗所做的一切，謹祝他們道德齊增，福壽萬年，亦祈禱黃大仙師庇佑：風調雨順，國泰民安！

李耀輝（義覺）

壬寅年冬月於嗇色園悟道堂監院辦公室

第一章

從信俗類「非遺」説起

　　信俗可說是信仰民俗的簡稱，是民間信仰與相關習俗的並稱，屬於中國國家級非物質文化遺產代表性專案名錄民俗類項目。對於信俗，2008年，國務院公佈《第二批國家級非物質文化遺產代表性項目》民俗類〈民間信俗〉中有如下介紹：

　　　　信俗又稱「俗信」，是人們在長期生活、生產過程中形成的一種約定俗成的傳統理念，在這種理念的支配下，民眾會對某種民俗現象產生心理和行為認同。傳統民間信仰崇拜的神靈是信俗產生的一個重要源頭，祈福避害則是傳統信俗傳承不斷的內在原因，各種民俗文化表現形式的集合構成了民間信俗的文化空間。

信俗對於居住在中華文化圈各個國家和地區的華人其實並不陌生。在宗教信仰方面，華人大部分持多神信仰，因此在港澳或東南亞華埠做宗教普查，「拜神」往往都會較諸如「佛教」、「道教」，更多地被信眾選擇。由於對所崇奉神靈的信仰，圍繞神靈和廟宇展開的節誕、儀式或廟會等等，信眾們都會持久地積極參與，由此形成以廟神信仰為根本的民俗。

港、澳、台及海外華人有影響力的民間信仰，包括關公、媽祖、黃大仙[1]、哪吒[2]、濟公等，近年皆先後申報「非遺」。早年香港申報「非遺」，多與節日習俗有關，如大澳龍舟遊涌、大坑舞火龍、潮人盂蘭勝會，分別於端午節、中秋節、盂蘭時節舉辦，非遺立項時，名稱為端午節（大澳龍舟游涌）、中元節（潮人盂蘭勝會）、中秋節（大坑舞火龍）。一些信俗，本來非源於傳統節日，也將歸類為節俗。如廣東省非物質文化遺產保護中心編寫材料[3]，包括波羅誕、佛山祖廟廟會、悅城龍母誕等信俗編進「節俗篇」。粵、港、澳列入「非遺」之信俗計有廣州黃埔波羅誕、悅城龍母誕、長洲太平清醮、澳門魚行醉龍節等。在首三批「國家級非物質文化遺產名錄」之中，港澳以神明或神誕立項並不顯著，第四批「非遺」名單，「信俗類」非遺計有哪吒、媽祖及黃大仙，六項佔其三，揭示近年港澳地區「申遺」的趨向。2021年6月公佈第五批「非遺」名單，包括香港天后誕及澳門土地信俗。

以下先簡述較為人熟悉的兩項信俗：關公信俗及媽祖信俗。2008年6月，由洛陽市、運城市聯合申報關公信俗，列入第二批國家級非物質文化遺產文化名錄（「民俗」類編號992 X-85）。是民間信奉關公的各種習俗的統稱，包括祭祀、民俗、文藝等，是民間文化與民眾信仰體現。「忠義仁勇」是其精髓，由此形成的「關公信俗」這一特殊文化現象，已成為溝通海內外華人的橋梁和紐帶。而媽祖信俗也稱為娘媽信俗、天后信俗、天上聖母信俗，是以崇奉和頌揚媽祖的立德、行善、大愛精神、拯溺濟難為核心，以媽祖宮廟為主要文化活動場所，以習俗和廟會等為表現形式的民

---

1 2008年，浙江省金華市申報「黃初平（黃大仙）傳說」，登錄「民間文學」類；及由運城市、洛陽市申報「關公信俗」，皆列入國家級非物質文化遺產名錄。
2 有關哪吒信俗，可參考胡國年《澳門哪吒信仰》，香港：三聯書店，2013。
3 廣東省非物質文化遺產保護中心編寫《玩轉廣東非遺，出發！》，廣東人民出版社，2016，頁40-47。

俗文化。《媽祖祭典》一書指出，媽祖信仰已成為人們的生活習俗，歸納為演戲酬神、媽祖元宵、媽祖服飾、人生禮俗等16項。[4]2009年10月，媽祖信俗列入聯合國教科文組織《人類非物質文化遺產代表作名錄》，成為中國首個信俗類世界遺產。周星研究指出，近年中國內地民間信仰爭取合法性的處境，其一是走「民俗化」的路徑，即以信俗表述，說明民間信仰的「非物質文化遺產化」。[5]近年福建地區保生大帝、陳靖姑、田公元帥[6]等都以信俗項目走上「申遺」之路，較先行的是媽祖信仰。對於媽祖信仰的定位也逐漸由「封建迷信」轉為「重要的非物質文化遺產」，學者指出：由於媽祖信仰在歷史上的重要地位，學術界長期以來對此的研究和關注，以及媽祖信仰自身在實踐中的革新及其與當代社會思潮的接軌，它被列入從省市到國家乃至聯合國的「非遺」，也就是理所當然的了。[7]

2013年嗇色園以「香港黃大仙信俗」申請國家級非物質文化遺產，我們參與了申請文本的撰寫。嗇色園委託的一個申遺小組負責起草申報書文本。在整個過程中，小組一方面對黃大仙信俗進行深入研究，除了梳理其發展歷史、總結社會影響，也對其信俗的活態生存作了考察，由此確定了香港黃大仙信俗的重要特點——「善」的信仰。對申遺小組來說，黃大仙信俗必然屬於「具有突出價值的人類創作天才代表作的非物質遺產，或是從歷史、藝術、人種學、社會學、語言學或文學角度具有突出價值廣為流傳的傳統文化表現形式。」[8]在申遺過程中，我們最深刻的體會，對何謂「信俗」？很多人不甚了了，即使是文博界的朋友，黃大仙信俗如何與「非遺」扯上關係也是丈二金剛。足見黃大仙，香港人人皆懂；黃大仙信仰內涵及為何成為「非遺」，「申遺」成功前沒多少人懂。自1915年黃大仙仙師畫像由樵來港，百

4   媽祖信俗基本內容，見周金琰編著《媽祖祭典》，濟南：山東友誼出版社，2013，頁396-401。

5   周星〈民間信仰俗與文化遺產〉，載《文化遺產》2013年第2期，頁10。

6   信俗「申遺」成功，日後的保護、傳承路向不一而足，例如：田公元帥亦稱田都元帥、田元帥是音樂界、戲劇界眾多祖師爺（保護神）之一。「田公元帥信俗」被列入省級非遺項目，福州市鼓樓區元帥廟祖殿于2013年作為第三批省民間信仰活動場所聯繫點，翌年福建師範大學社會歷史學院在福州元帥廟舉行「宗教學碩士點教研基地」授牌儀式信俗，該基地是高校與民間宮廟在探索民間信仰與文化的保護、傳承與研究道路上的一次創新嘗試。

7   王霄冰、林海聰〈媽祖：從民間信仰到非物質文化遺產〉，載於《文化遺產》2013年第6期，頁35-43。

8   自中國非物質文化遺產網https://www.ihchina.cn/news_1_details/11515.html，2022年11月27日擷取。

國家級非物質文化遺產代表性項目

民间信俗（黃大仙信俗）

中华人民共和国国务院公布
中华人民共和国文化部颁发
2014年11月

黃大仙信俗成功列入第四批國家級非物
質文化遺產代表性項目名錄

年傳承，顯跡香江，2014年十二月，黃大仙信俗成功列入第四批國家級非物質文化遺產代表性項目名錄，是香港地區首次以神明信俗入選國家非遺名錄，2014年12月5日特區政府新聞公告稱：

黃大仙信俗初起於浙江金華地區，明清之際傳入嶺南。本港的黃大仙信俗奠基於1915年。1921年嗇色園正式成立，以管理黃大仙祠事務。經過百年傳承，時至今日，黃大仙信仰發展出宗教與慈善結合的特色，在香港以至海外華人社區廣為流傳。嗇色園一直配合社會發展創辦各類社會服務，體現「有求必應」的精神。

點出香港黃大仙信俗的重要特點——「善」的信仰。列入非遺七周年（2021年）開館的黃大仙信俗文化館，正門又稱「善門」，當中裝飾上不同大小及書法體的「善」字，象徵「走過善門，常懷善心」。

民間信仰的生命力，在於與人的一生（生老病死）及一年四季（春夏秋冬）密切相關。黃大仙信俗是與神明相關的民間習俗，以生活形式表現其信仰內涵，深入港人生活各方面。習俗方面：黃大仙靈簽以供民眾問事；每年歲末還神、歲初的頭炷香、農曆八月廿三的大仙寶誕等等，已成為香港重要的歲時風俗。

黃大仙信俗文化館的「善門」

第二章

源與流——

浙江與廣東地區的「黃大仙信仰」

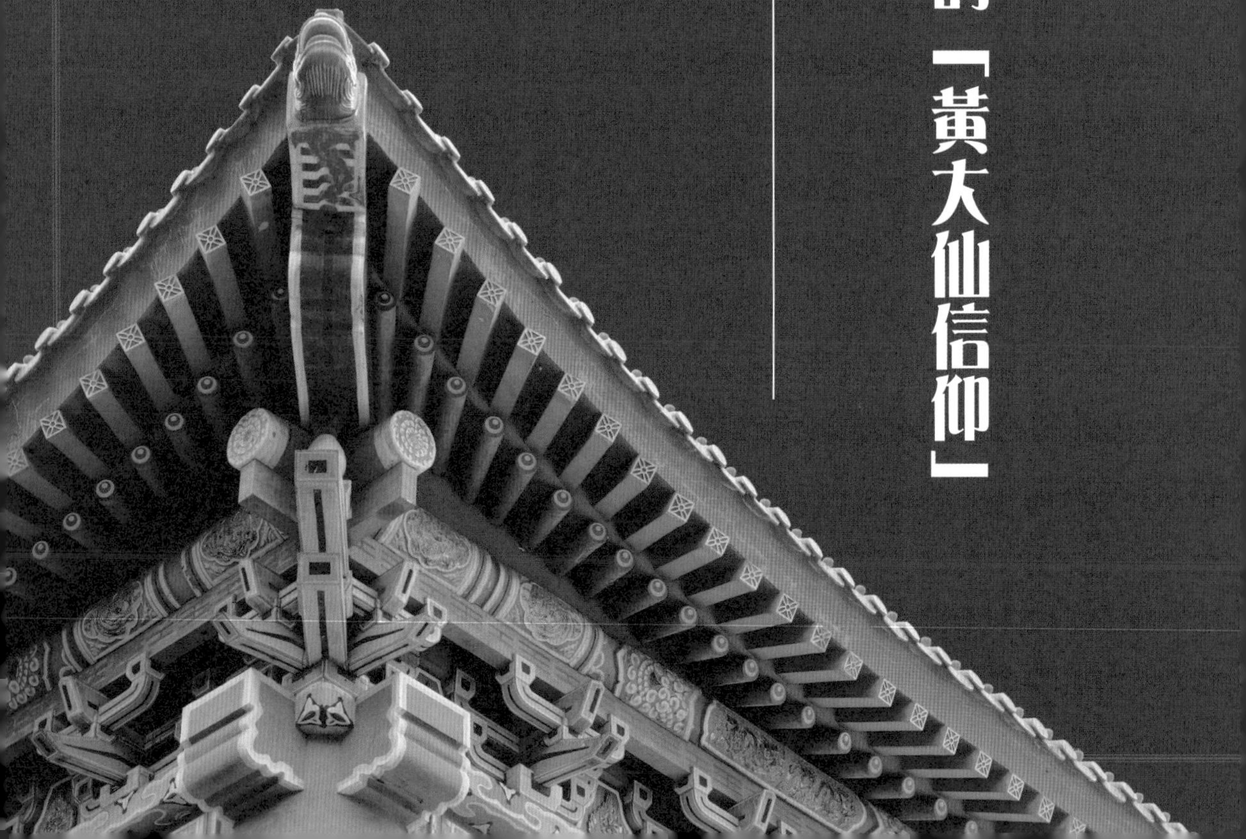

在今天的中國，黃大仙已是頗為人熟知的一位神祇。在香港嗇色園黃大仙祠的大殿上，供奉黃大仙師像的主壇後背，還懸有一幅仙師八相成道木雕，其下刻有〈黃大仙自序〉，相傳是仙師初降廣東番禺大嶺時的自我介紹，時為光緒二十三年(1897)。其文曰：

> 予初乃牧羊之孩，牧羊於浙江金華府城北之金華山。金華之名，乃金星與婺女星爭榮，故名也。此山之北，有赤松山焉，予即居於此。此地遊人罕到，林木參差，雲霞障漫，青翠巍峨，岫深隱其中，有洞名曰金華，乃洞天福地之中三十六洞之一也。予少家貧，炊糠不繼。八歲牧羊，至十五歲幸得仙翁指示，引至石室中，藥煉回生，丹成九轉；凡塵之事，一概拋開，四十餘年，兄初起尋之，不獲；適遇道士善卜，乃得兄弟相見。兄問羊何在？予曰：「在山之東」，往視之，第見白石磊磊，而予叱石，竟成羊焉。兄從此修真，亦列仙班。予本姓黃，名初平，晉丹谿人，因隱於赤松山，故號曰赤松仙子，與前張良從遊之赤松子有異也。予不言，爾等亦莫知之，故自為之述。

〈自序〉雖然大致與晉代高道葛洪所著《神仙傳‧皇初平》相同，但仔細觀之，區別還是不少。如貧家出身，由仙翁指引到赤松山金華洞中修煉成仙等，仙師還恐眾弟子誤會，特別聲明自己以赤松仙子為號，但與當時比較為人熟知的赤松子不同等等。顯而易見，〈自序〉中，仙師較強調自己的平民身份，依靠個人修煉成仙，而且得道雖久，卻一向逍遙世外，不為人知。

橫空出世的平民神仙

　　說自己不為人知，應是仙師的自謙之詞。事實上能位列中國第二部神仙傳記《神仙傳》中，肯定不是平庸之輩。此書作者葛洪，是道教丹鼎派的祖師之一。他寫的《抱朴子內篇》，是公認的神仙道教經典，不但論證了神仙的存在，也說明了凡人成仙的可能，最重要的是指出了成仙之道，更講述了金丹和仙藥的製作方法及應用等等。除了以上的理論和實際操作，為推廣丹鼎派的神仙道教，葛洪更需要的是例證，按《神仙傳·自序》中所說，通過服藥成仙的真實案例，回答弟子們「古之神仙者豈有其人乎」的疑問。葛洪於是「復抄集古之仙者，見於仙經服食方及百家之書，先師所說，耆儒所論，以為十卷，以傳知真識遠之士」。

　　雖說是摘抄自仙經丹書，又或是百家著作，但《神仙傳》與之前的劉向《列仙傳》重複度很低，收入的主要就是魏晉之後被認為因服藥而成仙的人物。臧否人物，是魏晉南北朝時候的風尚，流行於貴族士大夫之間，集中品評人物的容貌、才情，智慧和風度，是他們因為怕議論時政會招致非命而產生的特殊文化，實際就是生命意識覺醒的扭曲反映。葛洪出身世族家庭，可謂自出生那天開始就浸濡在這樣的一種文化中了。他追求服藥成仙，長生不老，本質上正是要超越生死的限制，取得永恆而且自由的生命，而這也恰恰是當時飽受外侮內鬥之害，歷盡無常之苦的貴族士大夫之心聲。他在《抱朴子內篇》中把金石丹藥推崇為「養生大藥」，指出：「凡草木燒之即燼，而丹砂煉之成水銀，積變又還成丹砂，其去草木亦遠矣，故能令人長生。」不過，從經濟角度看，此說不過是把服藥成仙變成貴族士大夫們的專利，平民百姓缺錢無勢，那能有機會染指呢？

　　然而，時代丕變，社會動盪卻不挑對象，貴族士大夫況且在劫難逃，平民百姓又焉能超脫苦海。在社會精英求仙風氣的帶動下，民間方士根據相關傳統經驗和個人創新，竟也摸索出一條以草木藥物製丹的成仙之道。這些藥物也許並非真能脫生度死，但毒性遠較以水銀為主要原料的金石

丹藥為少卻可斷言。甚至有時會對某些疾病有療效，再經民間口耳相傳，被推為奇丹妙藥也未可料。總之，在葛洪撰寫《神仙傳》，為《抱朴子內篇》尋找例證時，卻不得不面對一大票服草木藥物成仙的民間神仙。值得慶幸的是，他並沒有因為不是自己所推崇而故意忽略或迴避，反而發揮了清談家的本色，細緻地記下了自己所聽到的全部，如實地反映當時民間的神仙信仰情況。而今天我們熟悉的黃大仙師，就是當中的一位。《神仙傳·皇初平》記載：

> 皇初平者，丹溪人也。年十五而家使牧羊。有道士見其良謹，使將至金華山石室中。四十年忽然，不復念家。其兄初起，入山索初平，歷年不能得見。後見市中有道士善卜，乃問之，曰：「吾有弟名初平，因令牧羊，失之今四十餘年，不知死生所在，願道君為占之。」道士曰：「金華山中有一牧羊兒，姓皇名初平，是卿弟非耶？」初起聞之驚喜，即隨道士去，尋求果得相見，兄弟悲喜。因問弟曰：「羊皆何在？」初平曰：「羊近在山東。」初起往視，了不見羊，但見白石無數，還謂初平曰：「山東無羊也。」初平曰：「羊在耳，但兄自不見之。」初平便乃俱往看之，乃叱曰：「羊起！」於

葛洪撰的《神仙傳》中有關皇初平的記述

是白石皆變為羊數萬頭。初起曰：「弟獨得神通如此，吾可學否？」初平曰：「唯好道，便得耳。」初起便棄妻子留就初平。共服松脂茯苓。至五千日，能坐在立亡，行於日中無影，而有童子之色。後乃俱還鄉里，親族死亡略盡，乃復還去。臨去，以方授南伯逢，易姓為赤，初平改字為赤松子，初起改字為魯班。其後傳服此藥而得仙者數十人焉。

皇初平即黃初平，因金華方音皇黃不分，所以民間稱皇大仙為黃大仙已年深月久。按傳中所記，初平、初起兄弟是服食松脂茯苓至五千日成道，自然就是個平民神仙。不過，從篇幅的比例看，葛洪的重點顯然不在兩昆仲的成仙經歷，而在成仙後體視的無限自由。叱石成羊，是仙師在古代最被廣泛傳頌的神迹，有文人記之以詩，亦有畫人記之以丹青，可說是汗牛充棟，琳瑯滿目。對今天視物質三態為常識的大眾而言，叱石成羊的魅力早已是明日黃花，但在困守祖宗之法的漫長古代，將頑石變毛絨，把無生化作有情，卻是有使人脫出三界，不在五行的生命解放意義。初起棄家學法，與其說為長生，倒不如說為此神通而求變。十三年以後，世間人事代謝，親族死亡略盡，兄弟倆則若隱若現，日中無影，卻仍是童子之色。於是初平易姓名為赤松子，初起為魯班。赤松子和魯班都是古有供奉的著名神靈。黃氏兄弟所以主動改換姓名與古仙重疊，不正是《易》有三義：簡易、變易、不易的最佳說明嗎？

呼風喚雨之神

除此以外，兩人的易姓改名，可能亦有另一層含義，就是神仙信仰與主流信仰的結合。事實上，對永恆的追求雖具較廣泛意義，但追求成功的卻始終是個人，與社會大眾的生活並沒有直接關係，因此史上求仙得道者不少，惟得到世代奉祀的神仙不是很多，而這些神仙往往或是在世時已聲名顯赫，如黃帝、老子等，或是被賦有專司，如彭祖司長壽，陶朱公司商業等。按較《神仙傳》面世更早、署名劉向撰寫的中國第一部神仙傳記《列仙傳》所述：

赤松子者，神農時雨師也。服水玉以教神農，能入火自燒。往往至崑崙山上，常止西王母石室中，隨風雨上下。炎帝少女追之，亦得仙，俱去。至高辛時，復為雨師。今之雨師本是焉。

古代中國主要是農業社會，風調雨順事關百姓一年生計，在風雲難測的前提下，司風雨之神在民眾生活中的重要性不言而喻。特別是魏晉南北朝時期衣冠南渡，江南地區的開發隨着人口迅速增多不斷得到加強，風調雨順早已非關乎一家一戶之得失，而是事涉國計，乃至是漢族傳統文化的生存。黃初平易姓名為赤松子，顯然就是自願負上救國佑民的時代重責。

魯班是春秋末葉的著名工匠，心靈手巧，出神入化，早已見諸先秦典籍，並且隨着古代手工業發展，成為不同行當都共同供奉的祖師。魏晉南北朝時期，也許是出於戰爭需要，魯班祖師的傳說變得更加神奇。北魏酈道元的《水經注‧渭水》記載：「（渭橋）舊有忖留神像。此神嘗與魯班語，班令其人出。忖留曰：『我貌很醜，卿善圖物容，我不能出。』班於是拱手與言，曰：『出頭見我。』忖留乃出首。班於是以腳畫地。忖留覺之，便還沒水。故置其像於水，惟背以上立水上。」不但北朝如此，南朝亦然。南朝梁任昉的《述異記》卷下：

七里洲中有魯班刻木蘭為舟，舟至今在洲中，詩家云木蘭舟出於此。天姥山南峰，昔魯班刻木為鶴，一飛七百里，後放於北山西峰上。漢武帝使人往取之，遂飛上南峰。往往天將雨則翼翅動搖，若將奮飛。魯班刻石為禹九洲圖，今在洛城石室山。東北岩海畔有大石龜，俗云魯班所作，夏則入海，冬復止於山上。陸機詩云：「石龜尚懷海，我寧忘故鄉」。

黃初起易姓名魯班，與在這個時代冒起的魯班信仰，關係也是很明顯的。值得注意的是，從專司的角度，赤松子是農民之神，魯班則工匠之師，黃氏昆仲成仙後，依然是平民本色。

據《晉書‧地理志》記載，「東陽郡（今浙江衢州、金華一帶），

吳置。……長山（今金華山）有赤松子廟。」至於此廟由來，南宋倪守約《金華赤松山志》則謂：「二君（黃氏兄弟）既仙，同邦之人相與謀而置棲神之所，遂建赤松子廟，偕其師赤松子而奉事焉。」此廟既以赤松子為名，赤松子又是早於黃氏兄弟成仙並得到地方信仰的神祇，若說其始建是因於黃氏兄弟成仙的因緣，邏輯上似乎不太通。再說，所謂赤松子為黃氏兄弟之師，也是在《金華赤松山志》始見。這種說法與其說是講清楚了黃氏兄弟的師承，倒不如說是民間對赤松子廟所以一廟奉三神的解釋。於此同時，也間接說明了黃初平雖易姓名赤松子，但在很長的一段時間裡，都沒有完全接掌老赤松子的司識。這漫長的候任期，要經歷大約500年左右，至唐末時才正式結束，此時赤松子廟已改名赤松宮，並祠的亦只是黃氏兄弟了。有其時執掌赤松宮的舒道紀道長〈題赤松宮詩〉為證：

> 松老赤松原，松間廟宛然。人皆有兄弟，誰得共神仙。
> 雙鶴衝天去，群羊化石眠。至今丹井水，香滿北山邊。

又過了約兩百年，時輪轉至南宋時期。驚魂甫定的趙宋小朝廷，開始了其在江南的約一百五十年的經營。面對遼金元三國的悍將精兵，能征善戰，南宋所擁有經濟實力，科技成果和制度優勢等，都不足平反敗局。除了俯首稱臣，割地賠款，連年進貢，小心翼翼地避免觸怒環伺的外敵，南宋朝廷對內亦不得不實行認知作戰，使子民盡早藉以超越亡國的憂慮和失敗的傷痛，消減他們對時政的不滿，努力投入生產以滿足強鄰欲壑。而認知作戰中最重要的舉措就是把朝廷神聖化。早在北宋真宗時期，宋遼訂「澶淵之盟」，被認為喪權辱國。真宗在大中祥符元年（1008）稱天降帛書，上書「趙受命，興于宋……居其器，守於正。世七百，九九定。」後又稱受天書，封禪泰山。連番操作顯然只是為了表明今日雖洽和遼國，但天命始終在我。大中祥符五年（1012）十月，真宗食髓知味，又聲稱得先祖授予天書。《宋史》卷一百四記載了他繪聲繪影地向大臣們細述事件的整個過程：

> 朕夢先降神人傳玉皇之命云：「先令汝祖趙某授汝天書，令再見汝，如唐朝恭奉玄元皇帝。」翼日，復夢神人傳天尊言：「吾坐西，斜設六位以候。」是日，即於延恩殿設

道場。五鼓一籌，先聞異香，頃之，黃光滿殿，蔽燈燭，睹靈仙儀衛天尊至，朕再拜殿下。俄黃霧起，須史霧散，由西陛升，見侍從在東陛。天尊就坐，有六人揖天尊而後坐。朕欲拜六人，天尊止令揖，命朕前，曰：「吾人皇九人中一人也，是趙之始祖，再降，乃軒轅皇帝，凡世所知少典之子，非也。母感電夢天人，生於壽丘。後唐時，奉玉帝命，七月一日下降，總治下方，主趙氏之族，今已百年。皇帝善為撫育蒼生，無怠前志。」即離坐，乘雲而去。

顯然，在這位皇帝的眼中，唐朝享國接近三百年，而且國勢強大，文明鼎盛，原因只在皇帝姓李，身上流着源自道祖李耳的神聖血統。宋朝若要再造輝煌，也不能只靠富國強兵，而是首先得有更顯赫的神聖血統。既然史上姓趙的神人少，那只能自己現身說法，生造一個曾降世為軒轅皇帝的神聖祖先，即後被他尊號為「聖祖上靈高道九天司命保生天尊大帝」的趙玄朗。

真宗之後的趙氏宗室，對自己如此這般的神聖血統是否真的引以為傲不得而知，但這種裝神弄鬼的方法卻被繼承了下來，當碰上才情橫溢的宋徽宗趙佶的發揮和創作，終於落得不可收捨的後果。若不是六哥哲宗崩殂無子，必須在兄弟中覓繼位者，而年紀較長的九哥趙佖因眼疾落選，帝位也輪不到自己來繼承，輕佻但感性的趙佶對命運於他的特殊眷顧可謂點滴在心頭。即位以來，在窮奢極侈，肆意妄為的同時，他一直保持着對道教的支持。十多年後，他意得志滿，秘密準備聯金滅遼，一雪前恥。為凝聚王朝上下的人心，政和三年（1113）十一月，神仙降臨了。據《宋史紀事本末》卷五十一記載：

十一月癸未，祀天於圜丘。帝執大圭，以道士百人執儀仗前導，蔡攸為執綏官。玉輅出南薰門，帝忽曰：「玉津園東若有樓臺重複，是何處也。」攸即奏：「見雲間樓臺殿閣，隱隱數重，既而審視，皆去地數十丈。」頃之，帝又曰：「見人物否？」攸即奏：「有若道流童子，持幡幢節蓋，相繼而出雲間，眉目歷歷可識。」遂以天神降，詔告在位，即其地建道

宮，名曰「迎真」，作《天真降臨示現記》。

又過了三年，對道教越發崇信的徽宗，已不滿足自己是天尊趙玄朗之後，在道士林靈素的幫助下，他得悟前生，發現自己其實就是神仙。《宋史紀事本末》卷五十一記載了政和六年（1116）林靈素面聖時所說：

> 天有九霄，而神霄為最高，其治曰府。神霄玉清王者，上帝之長子，主南方，號稱長生大帝君，陛下是也。既下降于世，其弟號青華帝君者，主東方，攝領之。又有仙官八百餘名，今蔡京即左元仙伯，王黼即文華使，鄭居中、童貫等皆有名，而已即仙卿褚慧下降，佐帝君之治。

這番把當今統治集團神聖化的話深得徽宗中意。一年後，他正式對掌管天下道教事務的道籙院表明，「朕乃上帝元子，為神霄帝君，憫中華被金狄之教，遂懇上帝，願為人主，令天下歸于正道。卿等可上表章，冊朕為教主道君皇帝。」此時距汴京被金京攻佔，他與兒子欽宗趙桓遭金人擄走，最後客死異鄉的靖康之變，只不過十年。

靖康之變後成立的南宋政權，神聖化依舊是維護統治的救命稻草。南宋首任皇帝高宗趙構，是徽宗的第九子。他陰差陽錯地逃過靖康巨變的關鍵，在靖康元年（1116）再度奉命出使金兵軍營求和，而在磁州（今河北磁縣）被守將宗澤以當地神靈崔府君（應王）之名勸留之後南返，從此世上就流傳了「崔府君顯聖」、「泥馬渡康王」的傳奇。崔府君並非顯赫神靈，可以說連來歷都不大清楚，在磁州一帶卻是深受崇信。宗澤請動神靈規勸時為康王的高宗，實際是借民意來為大宋保留一線希望。此事使南宋在調整宗教政策重點時有了新的選項，就是對民間神靈的崇封。北宋時期，基於神道設教，朝廷也有崇封地方神靈，但政策的重點在佛教和道教，其中特別偏重道教，都是十分清楚的。南宋時期，承北宋的規制，對佛道的管理方式基本如舊，但對於民間神靈，則明顯出現較大的靈活性。一方面，這是因為南方重巫鬼的傳統，地方神靈信仰本來就豐富多姿；另方面，則是南宋官員為方便施政，也對地方神靈畢恭畢敬，許多時候更藉神靈之名，通過祭廟、謁廟、辭廟、祈雨、祈晴、驅蝗等等，動員地方百姓，推行重大政策。朝廷則除了

繼續以祀典對民間神靈的合法性加以管理，亦不斷通過崇封等，提升地方神靈的位階，突顯朝廷的權威性和神聖性。

黃大仙師也是在宋代先後數次受到崇封的神靈。第一次在北宋哲宗元符二年（1098），敕封仙師為赤松凌虛真君。其文曰：

敕。

道無方體，供物之求，兆見機祥，發於感忽。赤松真君，紀於遷錄，神農之師，雨暘並時，有求必應。一方所仰，千載若存。祇答靈休，用申茂典，可加號赤松凌虛真君。

雖然敕文是封贈赤松真君（赤松子），但因唐末以來赤松宮已主奉黃氏兄弟，故這位赤松真君當然就是指黃初平。敕文首次正式點出仙師「有求必應」，指的是作為風雨之神，祂做到雨晴合時，有益民生，因而封贈「凌虛」，高標其可以驅雲駕霧，喚雨呼風。

南宋時期，仙師兄弟則二次受封。第一次在孝宗淳熙十六年（1189）。孝宗趙伯琮（後被高宗賜名睿）是宋太祖趙匡胤七世孫，非宋太宗趙光義世系，自燭影斧聲的兄終弟及後本與帝位無緣。然而南宋開創後，高宗可能心感本世系列祖作業不少，致有危身亡國之報，自己既無子嗣，故特選太祖子孫為繼。加上伯琮出生前，其母曾夢神人自稱崔府君抱羊入屋相贈，而伯琮就在羊年出生應讖。因有這兩層原因，伯琮成為了大統的繼承者。孝宗即位後在勵精圖治，開創乾淳之治的同時，也着意加封地方神靈，特別是首都臨安，更必須是附近眾神所護佑的核心。在他執政的最後一年，朝廷發表誥命，加封二皇君（黃氏兄弟）：

敕。

黃老之學，雖以虛無為主，澹泊為宗，而原其用心，實以善利愛人為本。初起真君、初平真君，爾生晉代，隱於金華。叱石起羊，以為得道之驗；汲井愈疾，益廣救人之功。歸然仙宮，赫爾廟貌，一方所恃，千載若存。東陽之民，合辭以請：其按仙品，崇以美名，緬想靈斿，鑑吾褒典。

初起真君可特封冲應真人

初平真君可特封養素真人

此次誥封，源於地方百姓所請，顯示二皇君信仰在當地具相當大的影響力。從誥命談到的神迹，叱石成羊見於《神仙傳》；汲井愈疾指的可能是指二皇君飛昇時留下的丹井。按南宋倪守約《金華赤松山志》所記，此井「冬夏不涸，可以治病，神濟無方」。初起封沖應真人，初平則封養素真人。北宋崇寧三年（1104），「沖應真人」一度曾被徽宗特封予葛洪的從祖父葛玄，高標葛玄以虛應空，九轉丹成。誥

二皇君像（載《繪圖列仙全傳》）

命雖有誇贊二皇君善利愛人，惟封贈的「沖應」、「養素」，表彰卻是兩人的丹學成就。值得留意的是此誥沒有提到仙師當時的主司：呼風喚雨，顯示二皇君的神格的微妙變化。

二皇君第三次受封發生在理宗景定三年（1262）。宋理宗趙昀雖出王族，但屬旁支，一直與帝位無緣。到他這一代基本上已是平民。惟因緣際會，在權臣史彌遠的操作下，竟得繼承大統。他執政初期，曾想有一番作為，於是廣建書院，大力推崇朱熹、周敦頤等理學名家，培養人材。他又有鑒天下棄嬰情況嚴重，故在每州建慈幼局，首開中國兒童福利事業先河。惟晚年任由賈似道專權，自己溺於酒色不能自拔，是南宋局勢急轉直下的重要責任者之一。在他駕崩前兩年，朝廷再誥命加封二皇君：

敕。

至真之妙，昉於莊老之論；神山之事，盛於秦漢以來。然

黃大仙信俗

現代重建的浙江金華山赤松宮

超乎冥漠之無形，而邈若昭彰之有驗。第一位，沖應真人，第二位，養素真人，惟爾兄弟，流芳史書。石叱而能起，成形丹存而尚留遺焰。駕霧騰雲，則若恍若惚，祈晴禱雨，則隨感隨通。至今，寶積之祠起，敬金華之地，宜加徽號，以稱真風。

　　第一位，沖應真人，可特封沖應淨感真人

　　第二位，養素真人，可特封養素淨正真人

　　誥命中將二皇君之靈驗又再誇贊了一番，惟焦點則仍在祈晴禱雨，隨感隨通，而所以加號表彰，是因為要名實相稱。文中的寶積祠，即寶積觀，大中祥符二年（1009）赤松宮的改名。此年號是真宗因紀念天降帛書而定的。淨感、淨正，是表彰二皇君完全感通，毫無偏差，也是自靈應着墨。

 ## 弘傳廣東的黃大仙信俗

　　距離宋帝最後一次崇封二皇君約六百多年的1897年，在今廣東省廣州

市番禺大嶺村（舊名菩山）深柳堂，士人陳啟東帶着自家兄弟與及友人，於九月廿九日（10月24日）秋夕扶鸞遣興。恰赤松仙子雲遊而過，經不起本處土地神盛情力邀，乃下凡壇應乩，賜詩云：

> 梧桐葉落暮天際，淡冶秋山共鬥妝。遊倦徘徊憑眺晚，好從鴉背認斜陽。

赤松仙子即赤松子，即黃大仙師。有清一代，扶乩盛行，不但道堂廟宇連篇累牘，一般民眾，亦常啟壇敦請仙真親臨，或指引迷津，或人神共樂，甚至預測闈姓，以贏博戲，不一而足，反正多以作茶餘飯後的消遣而為，認真其事者少。惟此次與仙師的邂逅，卻啟動了至今長達百多年廣東、香港、澳門，乃至海外華人對仙師的崇奉，形成內容豐富，影響深遠的黃大仙信俗文化，恐怕亦非當時壇上眾人始料所及。

廣東弘傳的黃大仙信俗始於菩山，廣東之有黃大仙信仰卻不始於菩山。光緒十六年（1890）刊印的先天道賀誕文集《粵境酬恩》目錄中已有「黃初平仙師八月廿三聖誕」之立項。以八月廿三日為仙師誕辰的傳統今天仍為廣東黃大仙信仰者們繼承，成為以八月十三日為仙師誕辰的江浙仙師信仰傳統的標誌性區別。不過，對於黃大仙信仰傳播廣東地區的途徑，寶誕相差十天的原因等，目前仍在探索之中，沒有肯定的答案。至於黃大仙信仰入粵的時間，學者黃兆漢《黃大仙考》（載香港中文大學《中國文化研究所學報》第16卷，1985年）曾作一番考據，並據清修《新會縣志》所記，「叱石岩……石多如羊，舊名羊石坑。明大司寇黃公輔取黃初平叱石成羊之義易今名」，確定明代中晚期間黃初平傳說已傳入廣東。其實經《神仙傳》和歷代詩客文人的推廣，仙師叱石成羊傳說早已不脛而走，黃公輔當時因彈劾閹黨魏忠賢等被削籍回鄉，見羊石坑景物而生求仙之心，只是古代士人進儒退道心態的反映，作為黃大仙信仰入粵的證據尚需商榷。

關於廣東地區的黃大仙信仰的淵源，雖然仍有許多不明確的地方，但自清末以後其影響與日俱增則有目共睹。在仙師初降菩山後，位在番禺窮鄉的深柳堂，很快便華麗變身，成為一所以「普救群生，濟人危急」為宗旨的乩壇：普濟壇。事實上，此時的古老中國，正經歷千年以來從未遭遇的大變局。一方面是清朝已來到其統治的衰落期，國內政治腐敗，土地

兼併嚴重，文化死氣沉沉，另方面是列強挾堅船利炮，強行轟開國門，通過不平等條約，侵奪領土，傾銷商品，傳播西洋文化。廣東位處華南海隅，自然就成為了華洋交鋒的前沿。番禺作為著名的魚米之鄉，也正經歷着農村經濟破產，儒家傳統敗落，社會價值觀混亂的痛苦過程。面對迷茫前景，普濟壇高標扶世道，正人心，以列聖列仙之名，為搖搖欲墜的傳統道德作有力背書，發揮安定人心，穩定社會的重要作用。於此同時，又針對農村缺醫少藥的實際情況，開展施藥贈醫。黃大仙師乩方靈驗，藥到病除，很快就廣為人知。不少人不僅到壇禮拜仙師，甚至亦在家供奉。據普濟壇乩文集《驚迷夢》四集序文載：「吾友陳君，嘗奉赤松大仙於家，朝夕虔祀，遇事輒禱於大仙。吉凶悔吝，曾不爽也。其弟嘗患病，群醫束手。大仙乩示方藥，疾果瘳。由是求乩者日眾，門限欲穿。」仙師初降不到一年間，因着番禺的水網交通，黃大仙信仰已突破了區域限制，不再只屬陳氏一姓，菩山一村，乃至番禺一地。在仙師的乩示下，普濟壇主事人物識到接近省城廣州的花埭（今廣州市荔灣區花地街道）的大氹尾為分支新祠之地。

花埭黃仙祠舊貌（攝於1916-1917年間，原載1917年《天荒》雜誌）

再經過約一年由仙師以靈乩親自擘畫指示興建和陳設布置，1899年六月廿一日（7月28日）花埭黃仙祠開光。花埭雖位在番禺邊緣，卻與省城廣州相連，時被視為廣州的後花園，不但不少人在此經營園圃，而且省城的富豪、名士、高官們建置私家別墅、花園者也很多。黃仙祠亦很快便立定腳跟，靈名遠播。僅約五年間，花埭黃仙祠就因香火鼎盛，信眾不絕，致地方不敷應用而需重建。此次重建據說與時任水師提督的李準亦有淵源。1998年版《芳村名勝風物》載，時李準之母患病，遍請名醫診治無效。李母聽得侍女說黃大仙驗迹，要李準查訪。李準打聽之下，知道花埭黃仙祠為貧者施醫贈藥，奇效甚著。李準於是偕母就醫，許願一旦藥到病除，當重修仙祠以報。後果如願，黃仙祠亦就由李準牽頭重建。在他的發動下，城中名公巨賈自然不甘後人，大約在1905年前後，一幢嶄新的莊嚴道場便出現在花埭的芳叢之中。花埭新黃仙祠可說是黃大仙信仰在粵發展的一個高峰標誌。姑勿論這幢佔地130畝的三進院落是如何莊嚴雄偉，然而在世存在不過約七到八年，就因時代丕變而被沒收。只是其銘刻在信眾心目中的印象卻是揮之不去，即使多年以後花埭黃仙祠早已淪為癈墟，但與在粵黃大仙信仰相關的分支流布，都一定仍以花埭黃大仙祠為祖脈根源向外宣示。

畢竟，從菩山開基到立足花埭，是廣東黃大仙信仰重要的奠基時期。雖然前後不過約十五年，但普濟壇的成績相當亮麗。首先是黃大仙信仰「普濟勸善」宗旨的底定。普濟壇以「普濟」為名，是初創壇時由仙師確定的主要任務，即以天下蒼生為對象，急人危難，救民水火，要體現的是「慈悲」。勸善，最初主要是圍繞《驚迷夢》一至四集的輯錄出版展開，使「文人雅士看之，其善益深；俗子愚夫觀之，其心日廣。使能旦夕不忘，作善與書永垂不朽。」（見《驚迷夢》四集），就是要使大眾心開意解，一心向善，體現的是「智慧」。普濟勸善，從根本而言，顯然就是悲智雙運，上求佛道，下化眾生，然而，從執行而言，普濟勸善無疑更為簡單明確，講究具體可行。這也是在廣東黃大仙信仰的發展過程中，普濟勸善可以與時並進，不斷被賦予新內涵的重要原因。1899年二月廿四日（4月4日）鍾離權大仙於普濟壇乩傳玉帝意旨，敕封仙師「普濟勸善」四字，由是眾弟子奉仙師仙號為「運元威顯普濟勸善赤松黃大仙師」，普濟勸善與黃大仙信仰結為一體，也成為眾弟子的人生圭臬。

花埗黃仙祠的另一重要成果，是黃大仙靈籤和藥籤的完成。從仙師初降，菩山普濟壇的靈乩，無論是對蜩螗世事的洞察，或對人心每況愈下的感嘆，又或是對弟子、信眾進退出處的勸喻和指引，以及對群醫束手疾患的療治，都有求必應，普濟壇由是名聞遐邇，信眾劇增。很快，單憑定期扶乩已遠不能滿足門限為穿的信眾，於是就有以靈籤問事，藥籤問病的迫切需要。花埗黃仙祠創立後，藥籤與靈籤相繼乩出，成為黃大仙信徒們重要的方便法門。無論是否到廟，又或是否乩期，弟子或信眾們每遇疑難，均可誠心求稟，然後問籤擲笅，求請仙師指引。而且心誠則靈，靈籤和藥籤若有應驗，求籤者一定感念神恩，不但到廟酬神，更會廣傳驗跡。藥籤、靈籤與花埗黃仙祠，乃至黃大仙信仰日後的發展由此建立了良性循環。

　　「叱石成羊」是文人墨客心所向往的神妙境界，歷代吟詠讚嘆者固然不少，寫之以丹青者也有很多。以此為題的繪畫作品，自然會出現畫家心目中的仙師形象，或老或少，或莊重或飄逸，不一而足。惟作為神像供奉，均不合適。在鍾離權大仙乩傳玉封仙師「普濟勸善」尊號同時，就曾因應諸生要求，講述仙師容貌：

　　　　頭上總角兩分，顴朝，眉角秀，目清潤，鼻貫天中，井灶圓，唇紅，鬚黑不甚長，耳長，身穿黑服青帶。

　　諸生按鍾大仙指示，以此為基礎，於1899年十一月初九日（12月11日）繪成菩山初降後首幀仙師寶像。此像中，仙師如古代孩童般，將頭髮束成兩角，即所謂總角髻。傳統上，九轉丹成的神仙，常被繪成總角像，強調像主的返樸歸真，體合自然，內外純淨。仙師幼結仙緣，不脫孩童外貌，更是順理成章。菩山時期，一眾初期弟子與仙師關係密切，寶像由來清清楚楚，虔誠同奉，自不待言。花埗建祠後，仙師信仰登上更高台階，信眾來源四面八方，對仙師的總角寶像不免心生疑問，認為有欠莊重。為此，鍾大仙再度應諸生之請，為花埗黃仙祠開示仙師的戴冠坐像作為主奉。從此以後，此畫像就成為的仙師標準造像，對廣東黃大仙信仰的發展，起到重要作用。

　　花埗黃仙祠亦為廣東黃大仙信仰發展，奠定了很好的人材基礎。在此

鄰近省城，各階層人士又往來如鯽的地面，仙師的信徒範圍，不但早已突破了菩山陳氏的族人和友人，遍及省城內外，而且深入各個階層：既有腰纏萬貫的商人，亦有學富五車的文士；有道行高深的大德，亦有處事幹練的官員。1913年，花埭黃仙祠被廣東省警察廳沒收後，不少的仙師信徒仍堅持信仰，因着各種因緣，依靠自身的條件和努力，在省內外乃至海外繼續弘揚黃大仙信仰，創造出一個又一個新的傳奇。

花埭黃仙祠之後

梁仁菴道長，名華興，字敬孚，是仙師早期的信仰者，在《普濟壇同門錄》排第18位，道號篤謀子。1898年八月廿二日（10月9日），諸生於大仙誕前夕在壇求訓，仙師開示梁仁菴：「爾求吾訓示，恍惚二字宜慎。

稔崗黃大仙祠

人之恍惚，雖有大謀，亦恐有誤心。作事頗有餘量，惟堅持二字仍有不足。」這年的6-9月間發生戊戌維新，天下震動。廣東是中國與西洋接觸的前沿，事件的代表人物康有為和梁啟超也都是廣東人，變法的成敗對廣東的影響自然更大。梁仁菴與康有為同是南海（今佛山市南海區）人，時供職於兩廣都轉鹽運使司，位雖不高，卻仍無法自外於事件對官場的衝擊。他的恍惚顯然交織着對國家前途的迷惘與個人進退出處的疑惑。仙師的勸導，既同情體諒又一語中的，想必得其心會。1901年，清廷與八國聯軍議和，簽訂全名為《中國與十一國關於賠償1900年動亂的最後協定》的《辛丑條約》，賠償金額高達4億5千萬兩，標誌着中國全面淪為半封建半殖民地社會。在這一年，對國事完全失望的梁仁菴辭任海關職務，奉乩命回到家鄉南海西樵稔崗鄉，創辦廣東黃大仙信仰第二所壇堂：赤松黃大仙祠和設於其內的普慶壇。

赤松黃大仙祠創辦之際，正值花埭黃仙祠如日中天，仙師已一躍成為廣東地區廣泛熟悉的神祇。西樵既是著名魚米鄉，也有很多子弟在外經商，定居港、澳或海外者亦不少，此地又是南粵道教名山西樵山之所在，加上梁仁菴的才能和族人的支持，創辦兩年間，赤松黃大仙祠便成為了地方重要的宗教勝地，更被玉封「玉靈寶洞」的美名。1904年，赤松黃大仙祠發揚普濟勸善宗旨，開設藥局，把施醫贈藥正規化和日常化，在醫療條件極為不足的當時農村，這種義舉自然更使仙師威名廣傳千里。

普慶壇是赤松黃大仙祠的核心，與花埭黃仙祠普濟壇一脈相承，設有乩壇作為治壇和弟子問事問病之最高指導。與普濟壇乩出《驚迷夢》為勸善之典一樣，普慶壇於1903年四月初五日（5月1日）開始，在仙師和呂洞賓祖師的共同主持下，群仙垂訓，梁仁菴親自執乩，五月十五日（6月10日）乩示結束，其間所有乩文，集成《醒世要言》共三卷。此時的清廷，已逐步走向末路，列強侵凌日甚，民變此起彼伏，社會動盪不安。在乾坤欲轉，大廈將傾之際，為維護千年道統，《醒世要言》金剛怒目，發聾振聵。正如仙師在此書序中所說：

> 是書也，深明天道，端本人倫，剖別善惡之途，彰明禍福
> 之說。立言淺近，無取乎精深；垂訓周詳，不加以辭藻：蓋為

庸愚者說也。使覽是書者，悚然知悟，惶然思返。

《醒世要言》雖有挽狂瀾於既倒之豪情，奈何時代洪流卻無逆轉之可能。1911年，巨變如約而至，皇帝退位，朝廷解體，中國進入民國。1913年，花埭黃仙祠遭警察廳強行接管。西樵赤松黃大仙祠則因早在此前成立普慶善堂、海勝益善會等，造福良多，受到地方政府的支持，可以繼續存在。然而時代丕變，發展終受局限，加上強權解體，治安不靖，梁仁菴不得不作狡兔三窟的準備。1915年他與哲嗣梁鈞轉攜仙師寶像到港，為黃大仙信仰發展另開新頁。惜天不假年，1921年在廣東黃大仙信仰第三所壇堂——香港嗇色園黃大仙祠——建成不久羽化歸天。西樵赤松黃大仙祠痛失導師，舉步維艱。1949年以後，隨着農村經濟面貌和社會情況的改變，與及醫療的逐步普及，上世紀五十年代末到六十年代初，西樵赤松黃大仙祠退出了歷史舞台。

廣東金華分院普化壇，是廣東黃大仙信仰的第四所壇堂。據曾為該壇弟子的梁本澤道長（梁仁菴之孫）《金華風貌》記述：

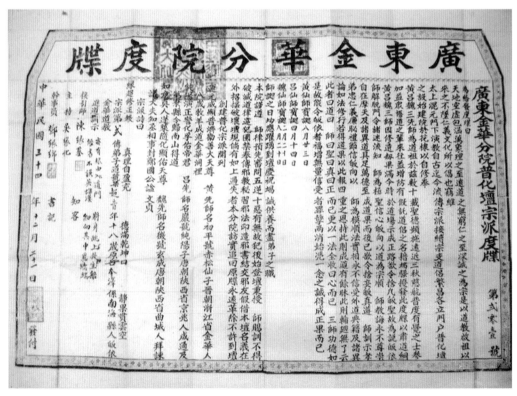

廣東金華分院普化壇宗派度牒 （芳村）

黃大仙信俗

（普濟壇被沒收）十餘年後……眾弟子深感師恩，乃於（廣州）城內再設壇供奉，名曰「赤松仙館」。

中有弟子曰陳緣基者，乃前清秀才，早年皈依仙師門下，對仙師「普濟勸善」之功，心存景仰，乃發起重建新壇，擴展善業。於觀音山（今越秀山）山麓，建設新壇。蒙仙師命名曰「普化壇」……數年之後，眾人以山路崎嶇，上落不便，乃再覓地於河南芳村（今廣州市荔灣區花地街道），購得農莊，改作壇址。

1998年版《芳村名勝風物》則記載這所壇堂由來的另一段軼事：

1930年的一天晚上，莫秀英夢見一老人，自稱黃大仙，說來年廣州將有瘟疫流行，請她設法重建黃大仙祠，贈醫施藥，以濟貧民。莫醒後，叫人訪查黃大仙祠舊址，因原祠舊址已辦了孤兒院，莫決定在花地購地重建，得到不少樂善好施仁翁的資助。1931年農曆五月，廣州市果然霍亂流行。金華分院建成後，贈醫施藥救了不少貧苦百姓……金華分院（即新黃大仙祠）也因此出了名，廣為流傳。

莫秀英是被稱為「南天王」的名將陳濟棠之夫人，是一個聰穎機靈，深謀遠慮的奇女子。她與丈夫均崇信佛道，捐資道壇佛寺廟宇不少。陳濟棠在1929-1936年間主政廣東，為地方發展貢獻良多。《芳村名勝風物》所記不論真假，反映的是當時廣州市民對黃大仙祠重現花埭的又驚又喜，故托詞莫秀英支持以自釋心中疑惑，並期望在大人物的庇蔭下新祠得以長存。不過，金華分院普化壇地僅數畝，與昔日花埭黃仙祠佔地130畝不成比例，發展空間非常有限。到了上世紀五十年代中後期，也無可奈何地結束，壇址被改作化工廠，後又作為民居，今天已舊貌難辨了。

廣東黃大仙信仰的第五所壇堂，不在廣東，而在與仙師故里更接近的上海。上海自1843年開埠後，便吸引到不少享受過單口通商之惠的廣州人前來。他們大多居住在靠近虹口港的地區，到1930年前後已達三十餘萬

人。1912年，廣東旅滬同鄉會集資創建上海黃大仙觀，奉祀羅浮山黃野人大仙，禮請上海白雲觀粵籍道長何松濟主持。此觀雖名黃大仙觀，但與廣東黃初平大仙信仰並無直接關係，不贅。據上海市地方志辦公室官網資料，1934年，粵籍全真道長陳白若來滬，推廣黃初平大仙信仰。他向當地粵籍商人集資一萬八千元，與申達公司洽購海南路81弄16號改為道觀，誌名「慈航仙觀」，並

拆卸前的慈航仙觀

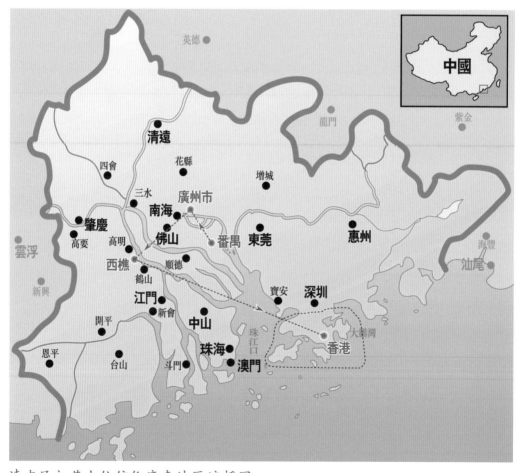

清末民初黃大仙信仰廣東地區流播圖

黃大仙信俗

於翌年落成開放。此觀樓高三層，底層為大殿，主奉黃大仙師，旁奉十八天將，二、三層為客房和宿舍。1938年的《五洋清韻》粵曲集有〈虹口廣東黃大仙慈航仙觀羅天大醮〉的啟事一則：

> 本觀供奉之黃大仙聖像，原係廣東花埭最靈應之尊神，由陳竹峰先生迎護來申，復蒙陳炳讓、馮炳南諸先生，及各界名流發起捐助，在海能路，購地建立永久觀址。迄今已歷十餘年，香火稱盛，旋因時局關係，已於廿七年舊曆二月廿九日恭迎黃大仙暨列聖神像，移座（先施公司左面）寧波路顧家弄行觀，……捌月廿三日黃大仙聖誕建九日羅天大醮，為各界祈福消災……

從此則啟事可清楚看到，慈航仙觀所奉為花埭黃仙祠的黃初平大仙，聖誕是八月廿三日，均隨廣東黃大仙信仰之約定俗成。陳竹峰也很可能就是陳白若。慈航仙觀當時除了有海南路觀址，也有寧波路顧家弄行觀，應該有一定的影響力。此行觀位於英租界，抗戰爆發後，慈航仙觀亦曾因避戰遷此，直到抗戰勝利後才返回海南路。1949年，陳白若離滬，由弟子接掌觀務。1958年，慈航仙觀的神像及法器等移轉白雲觀，宗教活動停止。

花埭黃仙祠之後，續繼黃大仙信仰的道場，除上述以外，據梁本澤《金華風貌》，1920年代主持香港嗇色園普宜壇道務的馮萼聯等，曾負責籌劃分壇於廣西、漢口、上海，至於是否成事，則尚無充足資料考證。

背枕獅山　區以神名

1840-1842年間，中英爆發第一次鴉片戰爭，最後以雙方簽訂《南京條約》告終。戰敗的清廷被迫割地賠款，開放通商口岸等，開啟了千年未有過的變局。香港，這個位在華南海隅的小島，成為英國在遠東的殖民地之一。中國在屈辱中失去香港，香港卻在跌跌撞撞中走進了西方人所謂的「現代」。在接收港島的過程中，為減免惹來居民的反感，英國駐華全權公使兼商務總監義律（Charles Elliot）、海軍司令伯麥（James John Gordon Bremer）聯名發表公告安民：

> 凡爾香港居民……亦得以英女皇名義享受英國官吏之保護，一切禮教儀式、風俗習慣及私有合法財產權益，概准仍舊自由享用，官吏執政治民，概依中國法律風俗習慣辦理。

　　香港雖由英國實施全面殖民管治，但在英國人眼中，蕞爾小島不過是進入中國大陸市場的跳板，與貿易發展無關的事物，浪費管理資源實屬不智。這種理性主義態度，使開埠初期實施的對傳統風俗習慣不干預政策，一直得到較大程度的維持。相對於遭逢千年變局，政治、經濟、文化、社會等各方面都出現天翻地覆，滄海橫流的中國內地，小島儼然就是世外桃源。尤其是清末開始出於對文化傳統的懷疑批判，引發出的對寺觀祠廟等宗教場所的口誅筆伐，甚至迫害侵奪，使得大批道場分支或乾脆移駐香港。本來只有聊聊數所鄉廟的小島，竟慢慢就成為了與中國宗教傳統存亡繼絕密切相關的耶路撒冷。

太平山街新孖廟

位在港島的太平山街，可以說是開埠初期華人社會所經歷的滄桑見證。限於當時實行的華洋分離的政策，華人被限定居住在太平山下。太平山本名硬頭山，據說因為海盜張保仔向清廷投誠後，附近生活的漁民以為從此天下太平，故改名太平山，實際上就是他們對美好生活的寄望和祝願。令人感到不可思議的是，1850年爆發的太平天國農民運動，竟將香港變成了逃避戰火的桃源，太平山成為真正意義的太平山，大批華人來到這個英國首相麥斯頓(Palmerston)所說「連一所房子也難找得到的荒島」，成為最初的拓荒者。他們依山而建的棲身之所，就是太平山街。從此居住於此，營商於此，生活於此，夢想於此，最後亦死亡於此。這條小小的街道仿如印度的恆河，具有無與倫比的神秘性。1856年，位於與磅巷交界的廣福義祠落成，用以供奉來港謀生的客死者，故亦名百姓廟。隨後，百姓廟附近就成了香港華人廟宇最早的集中地。即便是後來經歷過1894年的鼠疫流行，港英政府對該區的收購重建，情況都沒有改變。

黃大仙信俗之傳入香港，最早可追溯至1901年，也毫不意外的與太平山街有關。時有名陳天申紳商，在10月8日《香港華字日報》刊出告白，向信眾呼籲助建廟宇。告白中，他自稱「在香港太平山自買地段一幅，倡建廟宇二座」，又開列該廟將奉祀的神祇名錄，中有「黃大仙佛爺：由省城花埭請令來」句。數月後的1902年1月29日，陳天申又在《香港華字日報》刊出〈太平山新孖廟進伙〉告白，對外宣告：

> 茲者：本廟的於（農曆——引者注）十二月廿三日朝早七點鐘辰時進伙，恭請列位神聖　陞座。凡各善男信女，依期誠心到來參拜，則獲福無疆矣。廟內黃大仙有靈驗藥方，凡大小男婦科、眼科、外科，誠必求應。如有求者，祈向廟內司祝人取簽筒，祈禱自然應驗。惟眼科一款，先祈三杯，

上環太平山街新孖廟（上世紀二十年代舊照）

如有一勝杯者則賜靈丹；若無勝杯者，要待來日虔誠再求，
便得靈丹矣。廟內曹大仙降乩，凡事求之無不應驗也。本廟
有黃大仙聖茶，每包一仙，僅收回藥資，利便於人而已。

新孖廟不是專奉黃大仙的廟宇，除黃大仙外，尚奉有包相、天后、侯
王、綏靖伯、陳思王曹植等神靈。其告白卻以黃大仙驗方和聖茶作為主要
的宣傳標的，而驗方分為男、婦、幼、眼和外科五種，與今本黃大仙藥籤
同。除顯示當時黃大仙建廟者對黃大仙的崇奉，也表明此地黃大仙確自著
名的廣州花埭黃仙祠請來。

創廟人陳天申，其姓名不見記錄於《普濟壇同門錄》這本仙師早期弟
子名冊，其與仙師結緣相信是在普濟壇遷至花埭之後。有關陳天申（1849
至1925），在《台山縣華僑志》有載：

> 陳天申，又名錫鴻，字樹芬，別號賡堂……生於台山斗
> 山六村槎洲村。生逢亂世，家境蕭條，端賴家庭教育以成
> 長……稍長，陳天申目睹強鄰欺壓，國事廢弛，民生凋零，

第三章 背枕獅山 區以神名

呼寒號飢，比比皆是，乃決心遠涉重洋，以求騰達，造福民生，立業興邦。

陳天申在美國生活三十年，成為具有影響力人物。據劉伯驥著《美國華僑史》載：「……1880年間，舊金山市華人最著名的賭商，有新寧陳天申，不只操縱華埠賭業，即加州各地的賭館，亦引為有力的領袖，華人以賭業為生者多推崇之。」《台山縣華僑志》又載，陳天申回國後則致力慈善事業：

> ……發動海外鄉親於廣海城創建「樂善堂」，贈醫施藥，設「大德堂」，收殮無靠屍骸，築「義墳」數處（大浦、粉嶺、上川三洲、廣海），收葬野骨，立「育嬰堂」以收養女嬰。並於香港、廣海兩地購置鋪業，收租以作兩堂日常經費，委托地方之善者仁翁代為主持。他深念自幼卒學苦，乃聘賢師興學堂以育人才。陳公之名，當時在廣海、斗山兩地，婦孺皆曉，其樂善之德廣為流傳。
>
> 他不管從廣海或三埠回鄉，沿途見有老弱或貧而丐者，均慷慨資贈。修橋築路，建築廟宇，不管家鄉或港澳，必捐款以成美事。
>
> 陳公晚年結束在美生意，回港寓居，盡量辦慈善事業。在廣州城西之方便醫院，香港之東華醫院每年捐款中，陳公必居首位。

陳天申久居美國，以賭營生，自然深明異鄉人所以沉迷賭博，實為心靈孤寂所苦。香港本就是一個新興移民城市，早期居民主要來自廣東省內各地。新孖廟除奉本地著名神祇，又自各處請來靈神，有源於省城，亦有來自肇慶，更有請自其家鄉台山，也許目的正是用鄉誼招徠他們客居於本地的信奉者，以作心靈依靠。創設新孖廟後，1905年陳天申等又在今天被稱為「民間廟宇博物館」的澳門三巴門街創建黃曹二仙廟，進一步推崇黃大仙信俗。

黃曹二仙廟至今仍存，但箇中由來當地人已難以說清，新孖廟卻更早已是風流雲散，只能在史料中鈎沉。陳天申雖為成功商人，但獨力經營廟

澳門三巴門黃曹二仙廟

宇，恐怕並不容易，才有在建廟期間打廣告呼籲公眾支持之舉，以求善與人同。建成後廟務或有開展，規模卻不會太大，經濟依然主要由陳天申支撐。陳氏晚年全力於慈善，對他本人而言，大概亦有一層追求精神自我救贖的意思。他的後人卻就不一定如他一般的想法。1925年當他逝世，也許就已注定了新孖廟等的最終沒落。

三教明宗

1915年，南海稔崗赤松黃大仙祠普慶壇的一次扶乩中，創辦人梁仁菴突接壇命，馬上帶同哲嗣梁鈞轉，「向南速走，切勿回家，遲恐不及」。梁不敢有誤，奉攜黃大仙師朱砂寶像，隨即起行，輾轉廣州然後香港。一段黃大仙信俗傳承傳奇由此譜寫。據《金華風貌》的說法，壇命所以如此，是因有匪盜，當晚欲綁兩父子作肉參勒索。兩人來港後，會合港中道

嗇色園創辦人梁仁庵

侶，先在中環乍畏街（今蘇杭街）萬業大藥行，後又租得荷里活道某號三樓，設壇供奉仙師，並以飛鸞濟世。隨着信眾日增，1916年又遷往灣仔皇后大道東日月星街某號，一層為藥局，名「福慶堂」，樓上為乩壇，奉黃大仙師，廣行普濟。1918年，祝融肆虐，福慶堂連乩壇遭遇火災，梁氏父子多年心血毀於一旦。失望之餘，又有感普慶壇事務未了，故買棹回鄉去矣。

　　倒是港中同道，三年來一直得蒙仙師耳提面命，指示機宜，一旦屹然而止，馬上猶如失去人生方向，墮入五里霧中。他們遂聯名致函，敦請梁仁菴來港復建道場。經不起同道們的幾度相邀，梁仁菴遂在1920年再度來港。此番崔護重來，深得同道們的熱情支持，眾人租得灣仔海傍東街（今莊士敦道）某號三樓作為壇址，取名「金華別洞」。因普濟、普慶兩壇均曾稱此名，很明顯在香港設立正式道壇的日子不遠了。不過，過去幾年梁氏父子在港弘道，大致局限在原來就信仰黃大仙師的弟子或與弟子相熟的人士中開展。若正式創設新壇，按黃大仙信俗普濟勸善宗旨，就必須面向本地社會，如何在香港這樣一個華洋相雜，新舊交融，並由洋人主政的城市發展黃大仙信仰，相信對當時所有弟子來說都是新的課題。

韋仁舟入道金華別洞的乩文紀錄

　　1921年一月十八日（2月25日），韋仁舟入道於金華別洞。特別的是之前入道者，仙師均以「覺」為字派，如梁仁菴普宜壇道號元覺，馮萼聯道號悟覺，惟他獨得賜名「達道」。「道」字屬普慶壇字派「道、果、德、修、誠」中輩份最高者。梁仁菴在普慶壇道號為「傳道」，韋仁舟此時得道號「達道」，足見壇上對他寄望之深。仙師亦趁機向壇上諸生宣示對濟、慶兩壇辦道成敗的總結，更在此基礎上，為新壇日後的的發展指出方向和點明願景：

　　吾奉玉勅，普濟勸善，乃代天行化之職。初下凡，降菩嶺。因菩嶺人狹心散，是以飛鸞在省，繼而到西樵稔崗。兩壇均未闡吾大教，特派傳道到港……擬以三教合一而申明其宗。彼道一風，無爾我之分畛域，方能成大同世界；世界大同，自然無障無礙，復古返今，災異消除，救民衛國，須如此方能合道……

　　……先要建祠宇，後隨開辦各善舉，方能昭人信仰。若徒然租小地方而開辦善舉，必不能昭信而易招風，所謂因地

制宜……有慧善方能招置善人……道釋儒三教明宗，華夷異均能在此修同一族……

　　……地甚相宜，福極厚矣。天開地闢，留以待時。創辦善事，以此為基。名傳中外，感化華夷。一勞永逸，史傳稱奇。此舉由如平地立為山，有力之人擔多擔。無力亦勿畏艱難，免教中蹶虧一簣。

　　乩文首先為將來的道團確立須以三教合一推行普濟勸善宗旨的基本方針，以及用寬容化解界限，以大同跨越障礙，接續傳統，消災去異，救民衛國的基本方向；在發展策略方面，則明確必先建具一定規模祠宇，隨開辦各善舉的因地制宜之策，由此達到以慧善招置善人，同修三教，通達華夷異的願景；為此仙師指出，此因地制宜而成的祠宇，將是道團一切善業的根基，而且假以時日，終必名傳中外，所以勉勵道眾，有力者多出力，無力者亦莫畏難艱，應以平地立山之氣魄，奮力而為。

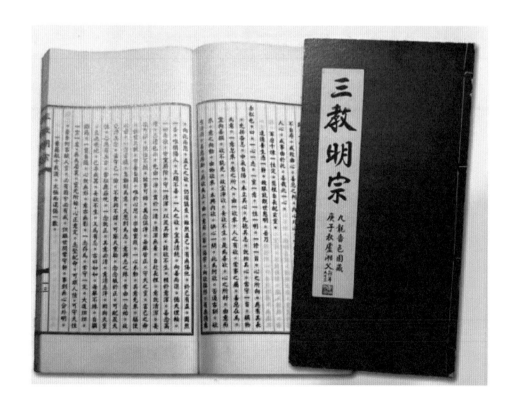

香港嗇色園1960年代刊印的《三教明宗》

宋明以降，三教合一已成為中國文化發展的重要潮流。持此論者，雖然會因所信奉的宗教不同，論證須以儒或釋或道作為合一的基礎，但入主出奴的宗教派性卻不再復見。香港作為清末以後中國傳統宗教的主要集散地，宗派可謂五彩紛呈，信靠的神祗亦多如天上繁星，以三教合一作為宗旨，不但能夠充份滿足信眾多元化信仰的需要，而且亦最大限度團結不同的信仰團體，做到合作無間，共存共榮。尤有進者，乩文把所合的這個「一」釋為普濟勸善，而非三教中的任一教，並認為應以此為基礎，放寬界限，不分畛域，追求世界大同，從而把普濟勸善提昇至前所未有的高度。在這樣一個總的方針的指引下，道團必然需要有更大的格局要求，不能因硬件阻礙軟件的運作，而必須配備最好的硬件，讓軟件得到最大程度的發揮：這是乩文中所說的因地制宜的「宜」，也就是及後成立的普宜壇的「宜」。對比新孖廟是設在中上環鬧市中的公開廟宇，後來的嗇色園初期僅是設於市郊的「私人清修」道場，地點無疑是偏僻了一點，可是佔地較大，作為廣行善業的基礎，將來發揮的空間也更為裕如；新孖廟只着眼於居港謀生的省內移民，嗇色園則據港地華洋混處的文化特色，既強調接續傳統，也要求廣結善緣，擴大團結，放眼世界，足見兩者在格局上的巨大差別。

　　1960年，當嗇色園終於獲得合法開放身份，正大步向宗教慈善機構邁進之際，一部與普濟壇《驚迷夢》、普慶壇《醒世要言》媲美的勸善乩文集《三教明宗》終於乩出。這明顯是深入詮釋韋仁舟入道乩文「三教合一而申明其宗」一語的重要經典，卻足足遲了接近四十年才出現於世，回首來時路，此書序中只語以「歷數未達」四字，實在意味深遠。畢竟，以普濟勸善合統三教，最重要的並非淵深玄理，而是身體力行，也許正是要經過多年的實證和體驗，眾弟子才有機會真正明白仙佛們的良苦用心。

普濟勸善

　　發展策略與願景確定後，同年四月，奉仙師乩示，梁仁菴與馮萼聯聯袂往九龍城，嗇色園藏《本壇以往各事登記部》記錄如下：

必有應求

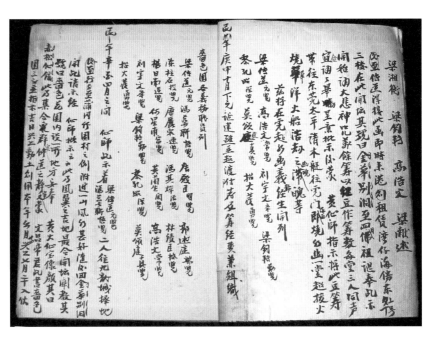

1921年，仙師乩示到九龍城覓地建祠之記錄。

　　……行至蒲岡竹園村之側附近一山，風水甚好，隨後回金華別洞開乩請示。經仙師批示，云此乃鳳翼吉地，最合開壇傳教，其號嗇色花園，內設一所地方，安奉黃大仙寶像，顏其曰：赤松仙館，此乃集合群眾修道之靜室。又蒙文昌帝君乩書嗇色園三字，並指示吉日興工動土。

　　此地位在九龍半島正中，背枕獅山，面朝鑪峰，屬英國根據中英《展拓香港界址專條》於1898年強行租借99年的大片鄰近土地。雖然已二十多年之後，但這些地方仍是尚未發展的鄉郊，故金華別洞同人很快便與工務局商租完成。惟租約規定，此地為花園地，不准興建民居。因此，早期嗇色園建築均以竹木、鋅鐵搭建，十分簡陋。工程在六月廿四日（7月28日）興工，首建赤松仙館，其後麟閣、辦事處、宿舍、大閘、水井等亦陸續啟建，七月二十日（8月23日）入伙，前後不足一個月。八月廿三日（9月24日）仙師寶誕，玉帝乩賜「普宜壇」壇號，赤松仙館亦開始供信眾入內參拜。1925年，呂祖乩書「赤松黃仙祠」以贈，不再使用「赤松仙館」之名。

　　雖然有仙師與眾仙佛的關心、指導和扶持，但嗇色園發展並非一帆風順的，甚至可以說是創業維艱。創辦不過十餘日，主要創辦人、領導者梁

仁庵便仙逝，由馮萼聯接掌重任；1922年8月2日的一場颶風，更把初期因簡就陋的建築物，悉數毀壞。不過，顧不上收拾自己的滿目蒼夷，嗇色園便投身到為受颶打擊更甚的潮汕地區的賑災籌募工作中去了。潮汕地區此次風災史稱「八二風災」，災區淹及澄海、饒平、潮陽、南澳、惠來、汕頭等縣市，廬舍為墟，屍骸遍野，死亡人數竟高達7萬餘人。嗇色園眾弟子本普濟勸善宗旨，啟建首次醮會，超度風災幽靈。園址位在的九龍城，聚居的潮汕人士不少。這場為其家鄉父老啟建的法會，不但可救災助危，亦足撫慰悲情，療愈傷痛，使他們內心對黃大仙師產生無限崇敬，為將來黃大仙信仰在香港潮汕族群中的發展埋下了伏筆。

嗇色園早期道眾多為股商，生活無憂，所以願繼續艱苦經營者，應該說是出於對出自乩筆之嗇色園發展策略與願景的認同。在八二風災醮會之後，他們在普慶壇的支持下，多次舉行天醮、盂蘭勝會等，祈求陰安陽樂，十方和融。如1923年釋尊誕辰萬善緣法會二十一晝連宵，一連三屆；1926年佛誕天壇大醮七晝連宵，輪流持誦大悲神咒；1928年啟建盂蘭勝會十七晝連宵，一連三屆等等。除此以外，嗇色園亦在1924年開始增設藥局，贈醫施藥，當年7月17日，嗇色園在《香港華字日報》刊出廣告，如下：

本園同人創設醫所於九龍城外西貢道十四號門牌，茲定

上世紀二十年代初，嗇色園建築以竹木、鋅鐵搭建而成。

六月十九日（公曆7月20日——引者注）開始贈醫施藥。此
乃同人等合力籌辦，不設沿門勸捐。所有一切貨物均係現銀
支結。特此報告。

　　贈醫施藥，是嶺南黃大仙信俗中的一個傳統普濟項目，大嶺、花埭、
稔岡各壇都曾不同程度開辦過。嗇色園是贈醫兼施藥，信眾除可求取籤
方，然後往醫所取藥，亦可在醫所經中醫診治開方取藥。廣告中強調醫所
由同人合辦，不設沿門勸捐，是考慮到有人趁機冒認行騙，至於貨物現銀
支結，應是因醫所屬初辦，尚未建立信譽，而不得已的做法。不過這實際
上卻是給自己製造了經濟難題，使善舉難以為繼。即使園中道侶不乏從商
者，但長貧難顧，因應現實需要，嗇色園仍不免改變初衷。據鄭寶鴻在雜
誌《旅行家》〈十九世紀末期以來的廟宇摘錄〉中的調查，到了1926年6
月，九龍嗇色園黃仙祠贈醫施藥局（即原來的醫所）在報章刊登廣告，呼
籲捐輸及鳴謝捐款善信。廣告中有詩一首：

　　　　九龍嗇色園，創自辛酉年。
　　　　名為赤松祠，三教聚本源。
　　　　普濟為懷念，勸善亦為先。
　　　　此是偏僻地，貧病苦纏綿。
　　　　心田時廣種，謹遵師訓言。
　　　　贈醫兼施藥，仰賴善信捐。
　　　　今將熱誠者，聊登告白前。

　　詩中明確說明，贈醫施藥須依賴善信的捐輸。嗇色園之前雖未有沿門
募捐，然道侶向友好私下籌款看來還是有的，惟以當時嗇色園赤松仙館一
間名不見經傳的清修道場，尚難取人於信，效果應不是很好。1925年，嗇
色園奉呂祖乩賜，「赤松仙館」易名為「赤松黃仙祠」，將嗇色園與廣州
花埭和西樵稔崗靈名甚著的黃大仙師清晰地聯繫起來，提高善信對該園的
了解。當時園中管理層，更決定將曾捐資助藥的善信芳名登報，利用傳媒
的公信力和影響力，使捐資者確實知道善款的流向和分享行善的光榮。從
而實際上使到嗇色園黃仙祠成為信徒應受仙師感召，效行普濟勸善的共
同平台。支出此招的是何華生，時入道嗇色園僅數月。他是瑞昌西藥行創

辦人，精力過人，長袖善舞，為嗇色園的發展，出力出錢，甚為積極。仙師亦期待甚殷，於他入道時賜乩云：「……指點萬靈丹一服，普濟眾生善為倡。根基將來得鞏固，八角名留善表揚。」1927年7月25日，《工商日報》發表題為〈繼續辦理嗇色園醫院〉消息一則。此消息同見於當日《香港華字日報》，文字亦大致相同，相信源自嗇色園發出的通稿：

> 九龍嗇色園醫院，開辦多年，近因經濟拮据，幾於停辦。乃另選總理何華生、協理梁子彬，出而維持，經由何等勸捐數千元，始能繼續辦理。查該醫院僻處九龍，該處貧病之人不少。今所聘之中醫劉昭亭先生，係數代名醫，所診各病，均多得手。茲為炎夏之時，日診六七十病，贈醫兼施藥，近地貧民頗稱方便云。

堅持多年的贈醫施藥服務後，嗇色園終於在九龍城紮下深根，不但受到本地居民的支持，影響亦逐漸擴展。1928年7月13日，《工商日報》刊出題為〈嗇色園贈醫施藥近狀〉消息：

> 九龍嗇色園，設有贈醫施藥局一所，在九龍一號差館對面。近數月來，日診八九十症。醫師關某甚為細心，故病者多瘳，即港中亦有到診者。所用藥費、診金不收受，該處一帶平民，莫不感頌云。

居民由稱贊方便而開始感頌，求診者有遠自港島的來客。普濟勸善宗旨的實踐，黃大仙師其應如響，感無不通，遠近知名，時距嗇色園創立只是七年。

 ## 從清修園林走向宗教慈善機構

事實上，駸駸興起的嗇色園，若按當時的態勢，也許會更快實現乩筆所示的願景，不過好事總是多磨：1928年4月，港府實施《華人廟宇條例》，對港地華人廟宇進行治理和管制，要求所有廟宇必須登記注冊，經

依此修例成立的華人廟宇委員會甄別，確定續辦，接收或處理。時同為華人廟宇值理（華人廟宇委員會委員）的團防局紳李右泉和華人代表羅旭龢在1928年6月尾接受《香港工商日報》訪問，指出：

> 李君云……此例既已頒行，凡有司廟宇之責者，第一級須迅往注冊，注冊後，華人廟宇值理調查明白，或令其取消，或准其保留，此則完全看其是良抑莠而決之云云。訪員旋再往見羅旭和博士。據謂此華人廟宇則例，已於陽曆四月廿七號通過頒行……如非全間屋建築為廟宇者，值理可以有權給人情與之開設，然有權隨時將之取消。此例之所以立，無非為防範歹人藉借宗教或神佛為名，勒索棍騙，但華人習俗上對於祈禱，亦不能全免。華人值理亦只有調查清楚，秉公辦理而已。

條例生效後，華民政務司署派出華探四出調查各寺觀庵堂廟宇，發出傳票限期注冊。一時沙塵滾滾，風聲鶴唳，人心惶惶。1928年11月26日《香港工商日報》甚至傳出取締黃大仙廟的消息：

> 自華民署宣佈凡公眾廟宇，均須註冊後。本港各廟宇，多已遵例註冊，惟一般私人設立，或藉神欲財之廟宇，均為華民署取締。查九龍黃大仙廟、必利者士街之財神廟、灣仔之赤腳大仙廟等，近日為華民署所取締云。

所謂的「取締」最終沒有對嗇色園施行，然而雖然正逢全力發展的時機，但碍於形勢，嗇色園只能以屬私人清修園林歸類，不作廟宇登記，以保障自主，留以待時。至於贈醫施藥則一直堅持，越來越多市民身受仙師慈護，卻無法拜謝於壇前，崇敬之心與神秘之感，為黃大仙信俗交織出越來越廣泛的信眾網絡。

歲月如流，十數年一過無聲。期間倭寇侵凌日亟，1937年7月7日，全國抗日戰爭爆發。到了1941年，借得暫時安寧的香港，隨着廣東淪陷，情況已越發危急。是年農曆七月，已多年未曾舉辦公開法會的嗇色園，承仙

師乩命，啟建善善緣勝會，十四晝連宵，超薦歷年兵燹水火遇難同胞，及海陸空三軍陣亡戰士，附薦各姓先靈。時因西樵已落入敵手，普慶壇無法到港支持，改請羅浮山白鶴觀派出道長來港協助。是次法會的啟建意義重大，不但體現仙師對犧牲將士和遇難同胞的慈悲和憐憫，使難屬和信眾們得到精神上的撫慰和依靠，更重要的是向社會大眾正式宣示，在國難當頭，民眾受苦的此刻，嗇色園不能只是一座清修園林！

1941年12月8日清晨，日軍大舉空襲啟德機場，九龍城一帶頓成火海，附近居民爭相往嗇色園托庇於黃大仙師，顯見仙師威靈早已深入民心。日佔時期，嗇色園不但為遭日軍轟炸喪命的同胞收殮，更在經濟極為困難時仍續施普濟，開放黃大仙祠方便居民求取藥籤，憑方施藥。其間傳出日軍數度入園騷擾，不但無功而返，而且灰頭土臉地逃出園的故事，在在都投射出香港市民內心對仙師的虔信和期望。黃大仙信俗成長為香港重要傳統信俗的條件經已具足。

自從通過實施《華人廟宇條例》，港府直到1937年日軍大舉侵華前，對傳統信仰的管理，基本實行高壓辦法，限令廟宇登記，強制接收廟產，打擊私設廟宇等等。然而當面對因逃避戰火而來的急速增長人口，港府很快就認識到傳統信仰之於這些流亡者實是心靈的依靠，不得不放輕執法力度，使廟宇適度增加。1940年10月23日，香港《大公報》報導：

> 本港自當局宣佈已進入非常時期狀態，頒佈種種非常時期法例，及進行種種戰時準備以來……有人利用迷信甚篤者之心理，在一切山谷曠野，建築小寺宇，因港地廟宇不過三四所，不敷應用。據悉設立以來，「關帝」、「孔明」甚至「曹公」等廟，無不遍山皆是。即與市區在邇之銅鑼灣砲壘道對開小崗，亦有該項廟宇一所，已在營業中，另一所則在蓋搭中。即此類新興廟宇，進廟捧香，祈福祈禱平安者之眾，日無間斷……

日本投降後，隨之而來的國共內戰，又一次令香港人口迅猛增加。港府已不再視《華人廟宇條例》為對付華人傳統宗教和信仰的不二法門，而

是根據香港實際情況和發展需要，探取較為多元的手段。如沿用日佔時期的宗教管理辦法，於1945年批准成立香港佛教聯合會，1960年代批准成立香港道教聯合會，推動傳統宗教界的組織和管理。

戰後初期，嗇色園延續日佔時期的開放做法，黃大仙信俗獲得較大發展，這一方面是承續在日佔時期所形成的定勢，另一方面則是來自嗇色園所在地區出現的改變。原來的城鄉接合部，適應人口增加，在上世紀五六十年代，開始是寮屋的集中地，到了六七十年代，則成了公共屋邨林立的鬧市。仙師信徒不絕增加，嗇色園香火日盛，成為當時華人傳統信仰發展的一個突出現象。據嗇色園藏的《本壇以往各事登記部》錄記，1947年，港府提醒嗇色園，「……光復後，未見申請注冊，宜從速辦理；如申請具有理由，則聽由本園自辦。一切遵示辦理。」顯見港府並未因嗇色園可能牴觸《華人廟宇條例》而馬上出手治理，反而是希望園方提出辦法，妥善解決。不過，當時百廢待興，要蘊釀出一個情理法面面俱到的方案，並非合適時機，較為簡單直接的，就是於1948年又開始延續戰前的辦法，強謂身屬私人清修園林，再度實行閉園，只在正月間，稍開方便門容各界參拜。雖然如此，嗇色園並沒有放棄服務社區，由此善緣廣結。1950年1月11日，九龍城木屋區大火，災民高達一萬五千人。1月17日香港《華僑日報》載：「九龍城嗇色園，每日早晚在砦城之古炮前施飯……因區內災民多向有認識，故領飯者無須憑苦丁證件。」附近居民對仙師「有求必應」的靈應，自更有所感。

很自然地，再度閉園決定的最直接結果，就是除了為日後香港黃大仙信俗增添上新春搶頭炷香的內容，幫助附近形成穩定的參神經濟，卻無礙於嗇色園的繼續發展。1950年3月13日（農曆庚寅年正月廿五）《華僑日報》為新春期間嗇色園園門外情況作出報導：

（園方）已於前日自動將園門關閉，謝絕一般遊客及參神者。園前星羅棋佈之解簽香燭攤位，同時一掃而空，迷信婦女乃不得其門而入。祇得改在該園右旁之竹樹坡前列具香燭，就地膜拜，解簽攤檔，亦遷附近設立，道旁樹下，香煙繚繞，頓成臨時拜台，怪狀百出。從前參神者，可向廟中借用簽筒，但

九龍城黃大仙廟
關閉園門謝絕遊客
不願清淨之地化為擠擁之場
一般婦女改在廟旁田野參拜

香港《華僑日報》1950年3月13日

現已由解簽檔另行自設租賃，故雖園門關閉，但以膜拜者眾，彼等攤檔生意，仍屬不惡，亦神壇中之趣事也。

1952年2月8日（農曆壬辰年正月十三）《工商日報》報導：

（嗇色園）園門深鎖，並派專人看守。所有普通遊客，不論參神遊玩，均被拒進內，附近一帶憑神求食之輩，因該園之關閉，對彼等收入之影響，異常重大。因此其中不少神棍，乃別闢財源，紛在該園附近之「簽寮」開設後門，從而進內，即可直薄黃大仙壇前。彼等並派出婦女多名，沿途兜截遊客，指示婦女輩從後門進內即可參神。故一般迷信之愚夫愚婦，乃獲走近廟前，雖仍有一疏落竹林所隔，然相顧僅咫尺間而已。無知婦女竟不惜屈膝於亂石山頭之上羅拜。然賣香及解簽者，則已財源滾進矣。

到了1956年隨着附近陸續被闢為廉租屋的建築地盤，港府工務局一紙收地通知，嗇色園何去何從問題終被擺在桌面之上。時新任嗇色園總理黃允畋往見華民政務司鶴健士交涉。據吳麗珍在《香港黃大仙信仰》一書中載「華民政務司表示：一來嗇色園沒有該地段的業權，政府有權不批租

第三章　背枕獅山　區以神名

059

必有應求

上世紀五十年代嗇色園剛對外開放，園內遊人如鯽。

約。二來嗇色園於年前大開門禁，供人參拜……卻已違反了廟宇條例，政府也有權關閉嗇色園。所以對於政府收地的決定，他們也愛莫能助。」按鶴健士的說法，港府處理嗇色園，可以有三種選擇：一是以方便興建廉租屋為由；一是不續批嗇色園所在的官地租約；一是依據《華人廟宇條例》接收。事實上早在此前的兩年，港府已拒絕園方所交納地租，不續批租約的意圖昭然若揭；此刻工務局的收地通知也不過是之前做法之延續：這顯示出港府早在兩年前就開始部署。港府之所以沒有根據《華人廟宇條例》，直接採取接收的辦法而捨近取遠，應該是有所考慮的，也許是顧及到黃大仙的鼎盛香火，避免引起廣大信眾的強烈反彈。以興建廉租屋為由收地，不但堂而皇之，而且也使居住在該區寮屋、有機會遷上新建廉租屋的仙師信眾因事涉切身利益而無所適從。

然而港府的處心積慮的最終目標，可能並非在迫遷嗇色園。當時工務局的通知提到的，是因為往來嗇色園進香參拜的士女，經常擁塞於道，為免阻礙附近地盤的建屋工作，政府決定來年收回土地，不再續批租約，顯見嗇色園所在地段本身並沒有在興建廉租屋的規劃之內。這個保留下來的空間是繼續作為嗇色園，還是挪用作別的，就有文章可做了。自1947年

港府就提醒嗇色園向華人廟宇委員會提出理由申請自辦，被園方消極應對過去了。此時港府真正用心也許就是以收地促變。在存癈續斷的生死關頭，黃允畋得到華人代表羅文錦、周埈年兩位爵紳，以及華人廟宇委員會鄧肇堅先生的協助，並邀得東華三院的合作，遂向政府建議：凡入嗇色園參拜的士女，須繳入園費一角，收費悉數撥歸東華三院作辦學經費，請求政府撤回收地的成命，並批准嗇色園的全面開放。此合作建議的制訂，時任嗇色園總理及東華三院首總理的黃允畋，被認為是最重要推手。其實幾位爵紳身份亦堪玩味，羅文錦時任行政局議員，亦是香港佛教聯合會與港府溝通的主要角色；周埈年更是行政局首席非官守議員，華人廟宇委員會委員，據說戰前曾代嗇色園向港府說項，爭取每年新春開放黃大仙祠，任由市民參拜；鄧肇堅對傳統宗教深有體認，從1928年《華人廟宇條例》實施，便作為東華三院首總理被委為華人廟宇委員會成員，此後又多次獲得港督委任。從他們的身上亦不難看到官方的色彩。究竟是出於信徒所傳誦的黃大仙師不可思議的運化，抑或港府的有意識引導，還是嗇色園全人的共同努力，嗇色園的開放，掀開了該園向宗教慈善團體發展的全新篇章，進一步完善了港府對華人傳統宗教信仰的管理，這卻是無庸置疑的。

第四章

信仰為經　善業為緯

——嗇色園黃大仙祠的信俗基因

　　「信俗」是近代才出現的新詞，是對民間信仰所形成的社會習俗的一個簡稱。

　　2014年，嗇色園經香港特區政府向國家文化部提交的「黃大仙信俗」為「非物質文化」申請專案正式獲批，也就是說，嗇色園歷經百載，其間從未間斷地以黃大仙「普濟勸善」為宗旨的弘道和施行善業，已形成廣泛的社會影響和習俗，這種習俗的成效又被國家認定其意義是符合現今非遺保護的主旨，而非遺保護又可以說是國家對優秀傳統文化保護的傳承和實踐。

　　自被列為國家級「非遺」名錄後，嗇色園更著力一系列內修外展的工程，內部進行一系列「宮觀文化」的建設、強化機構管治、多次舉辦大型法會及各種宗教科儀以加強信仰的張力；對外在發展傳統善業的基礎上，以「崇善為民」的原則，推動各項憫世解厄的工作，更拓展義工團隊以凝聚各方的愛心和力量，實踐「善道同行」的理念，從多方面落實社會企業責任精神。

從竹棚草創到殿宇莊嚴

　　今日的嗇色園黃大仙祠瓊樓玉宇、殿宇輝煌，讓進園謁拜的善信，無不感受到黃大仙信仰的莊嚴而肅然禮敬。回想1921年草創時，創壇的幾位道侶得仙師指引，憑藉堅毅的道心，以竹木搭建殿堂，及後逐步建大殿、麟閣、辦事處、宿舍、大閘、水井等，建構雖云簡陋，但設壇闡教、弘道勸善的道心不減。

木建構的嗇色園赤松黃仙祠主殿（1929年）

1973年重建大殿落成。自龍翔道的園外牌坊俯覽園內大殿及參拜平台。（嗇色園出版《善道同行》）

歷時三年的大殿及第一參拜平台的擴建翻修工程，2011年竣工。（嗇色園出版《善道同行》）

2022年的大殿及參拜平台。自2011至2022年間，因應信眾對仙聖的不同祈願，先後在平台左側長廊增設了福德殿、藥王殿及供奉碧霞元君的碧霞殿。（嗇色園官網照）

建在大殿左側的三聖堂，1972年落成，原址為嗇色園的贈醫施藥局。堂內供奉三教聖人，即儒教的關聖帝君、佛教的觀音菩薩以及道教的呂祖先師，充份體現了嗇色園三教同尊的信仰特色。

065

嗇色園的「五行建築」

　　1937年，黃大仙的弟子由扶乩得仙師乩示，為使嗇色園永垂久遠，主殿以外的園內建築，須配合五行即所謂『五形』。遵從指引，眾弟子逐步興建象徵『金』形的飛鸞台、『木』形的經堂、『水』形的玉液池、『火』形的盂香亭以及『土』形的照壁。仙師的訓示，成為日後嗇色園基本建築結構的依據。

　　嗇色園的「五行」建築於1938年先後落成，其後雖經多次修葺，但仍按當年黃大仙師的乩示：「日後如有修葺，亦應照足尺寸方向，不容改變也……。」「五行」，又稱「五行學說」，其意義是藉着陰陽演變過程，萬事萬物的五種基本動態：金（代表斂聚）、木（代表生長）、水（代表浸潤）、火（代表破滅）、土（代表融合），這建築格局很符合嗇色園三教同尊、五行齊備的信仰原則。

飛鸞，意謂飛翔的鸞鳥。鸞鳥是中國古代傳說的神鳥，是西王母的使者，負責帶來神明的訊息，因此飛鸞用作比喻道教以扶乩與神明溝通取得指引。嗇色園的飛鸞台始建於1924年，用作扶乩的靜室，位於經堂背後，1936年以銅重修，內外四周均鑲嵌上銅片，所以又稱「銅亭」，在「五行」建築中屬「金」。由於飛鸞台被視為黃大仙師的靜室，故不對外開放。

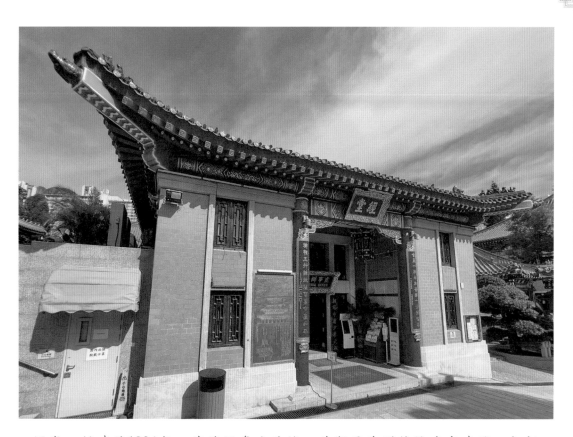

經堂，始建於1924年，其後經多次重修。外觀是典型傳統廟宇建築，內部兩層為木建構，原用作珍藏三教經典。在「五行」建築中屬「木」，現為嗇色園總辦事處。

玉液池，1936年建成，位於經堂前、盂香亭之背後，「五行」中屬「水」格。多年來經多次修葺，從最初的以磚砌十字通花到如今以蓮座為外型，池內有噴水球，灑向七朵蓮花。

盂香亭位於玉液池前，照壁之後，1933年建成，是一座重檐藍瓦的八柱敞亭，色彩燦然，莊嚴殊勝。亭內供奉燃燈古佛，佛教中縱三世佛之過去佛，即釋迦牟尼佛之前的佛，地位極尊。盂香亭在「五行」建築格局中屬「火」。

轟立於嗇色園大門內登上拜亭樓梯右則的照壁，以水泥建成，重簷綠瓦頂。在「五行」建築佈局中屬「土」。照壁前後分別以灰塑漆紅「朝佛」、「清靈寶洞」乩筆字，糅合了道、佛兩教的概念。「清靈寶洞」是嗇色園弟子原先修道的壇號，全號「清靈寶洞普宜壇」。

近年新增的殿堂

　　戰後的香港，社會經濟續步恢復，嗇色園從私人的修道場到正式對外開放，黃大仙信仰亦隨著嗇色園善業的開展而有更廣泛傳播，園內香火日盛，為廣納更多信眾入園參拜，曾多次修葺大殿，園內的建築亦不斷優化，上世紀七十年代更重建大殿及藥局。千禧年以後至今的二十多年間，尤其在成功「申遺」前後，更是大興土木，擴建翻修大殿及參拜平台，以接待日益增多入園參拜的善信，更以同理心顧及入園祈願的善信，各各有不同的祈求，另外也為順應時代的需求，在大殿前的一側長廊新設「福德殿」、「藥王殿」、「紫霞殿」及在新擴展的平台上增設「財神宮」，在鳳鳴樓旁增設「月老及佳偶天成神像」等等。其中的擴建工程，尤以在平台下加設「太歲元辰殿」以及「黃大仙信俗文化館」的工程最為浩大。

為父母者祈求子女健康成長、祈子嗣者望早生貴子，這是不少人的普遍祈願。為此，嗇色園在2022年的5月在大殿前的長廊新設碧霞殿，供奉求子會靈驗妙應、佑庇孩童健康成長的「天仙聖母碧霞元君」。(嗇色園官網照)

到嗇色園祈求黃大仙師庇佑香港經濟繁榮昌盛，百業興旺，財運亨通的善信為數眾多，嗇色園特為此於2011年在大殿的拜亭左則長廊新設立財神殿供奉「武財神趙公明元帥」。為迎接100周年紀慶，嗇色園再在新擴展的平台上增設財神宮，2021年落成，宮內除原供奉的「武財神趙公明元帥」外，更有「招財使者」、「招寶天尊」、「納珍天尊」、「利市仙宮」等的合稱「五路財神」。(嗇色園官網照)

2011年，嗇色園在90周年紀慶時，將大殿前的參拜平台進行了擴展，在殿前兩側增設長廊，長廊上新增了藥王殿，供奉道教的藥王孫思邈。

嗇色園原在大殿旁有「福德祠」供奉「土地公公」，2011年在新設的長廊上增建福德殿，更恭請「土地婆婆」與「土地公公」一併同時坐鎮。

隨著香港人口增多，適齡婚嫁的年青男女日眾。2011年在園內新設立的「月老及佳偶天成神像，很受善信的歡迎。嗇色園更特為到來祈求良緣的信眾，設計了具有儀式感的禮拜月老程序。

拜太歲是很盛行的希望事事順利、趨吉避凶的祈願。嗇色園的太歲元辰殿建於參拜平台之下，面積約一萬平方尺，以地下宮殿的格局修築，設計糅合了現代科技元素，同時注重傳統裝飾及固有道教文化，修建工程浩大，歷時四年，2011年開幕，殿內供奉斗姆元君、太歲及元辰。

071

從私人清修道場
到「善道同行」的平台

　　從歷史上看，嗇色園黃大仙祠雖然自上世紀二十年代初創壇之日起，盡管創業維艱，但仍悉力廣行善業，再加上仙師「有求必應」的響譽，因而一直香火鼎盛，但事實上礙於當時的法例，在上世紀六十年代以前，仙祠都是一個私人性質的修道道場，園內弟子的經懺科儀仍承襲前壇科儀，平日只是念經拜懺，節誕期間在壇內或誦經讚頌仙靈，在社會遇災難事故時啟建法會以息災濟幽等等，壇務無法廣為開展。這種狀況可以說一直維持到廿一世紀初。

1972年觀塘雞寮山泥傾瀉，傷亡慘重，嗇色園即時啟建息災濟幽法會以度亡。（嗇色園出版《香江顯迹》）

上世紀五十年代在園
內啟建萬佛節建醮法
會的經生（嗇色園出版
《香江顯迹》）

2005年，時任嗇色園宗教事務委員會主席的李耀輝，倡議強化機構管理，其中尤以發展道教科儀文化至為重要，他意識到時至廿一世紀，嗇色園已發展成具規模的宗教慈善機構，在慈善事業方面有極大的社會貢獻，然這一切成效，均以宗教信仰為基礎，所以對內必須強化弟子的道行與修為，就是說要具道心和法力；對外則改廣開洞門，大力展示道教的科儀有上通三界、下達幽冥，既可祈福許願，亦可超幽度亡的法力。李道長在2006年正式被董事會委任為嗇色園監院，主責宗教事務。他先將嗇色園的道教科儀作全面革新，在承繼廣州「普慶壇」的科儀及經本的基礎上，對道教科儀進行編整，融匯《道藏》、《廣成儀制》、《冠巾科儀》、《傳度引籙》等經典，去繁從簡，形成兼具全真道及正一道特點的科儀，並於演繹施法時輔以現代科技，使過程更具儀式感和觀賞性。此外有感歷經數十載的發展，園內弟子經生逐漸年長退隱，為後繼有人，必須打破過去由園內弟子引薦才能入道的規矩，改為廣向社會招募有道心的人才成為新弟子，但強調新入道者必須完成道教經懺文化課程及考試，通過經典和儀軌的研習，堅定自己的信仰，繼承道教的教義教理。經連串的機制改革後，在此基礎上成立「朝賀拜懺組」、「外事交誼組」及「經科文化組」，至此，嗇色園在弘道宣法方面，具備了舉辦大型法會的條件。

回顧最近的十多年，自培訓了一眾弟子成為經師以後，嗇色園一改過去弟子經師只在壇內誦經，園內啟建度亡法會的常態，先後舉辦過多場大型、公開的法會，如大獻供、禮斗法會、開筆禮、上契黃大仙師科儀、

千禧年前，嗇色園弟
子一般只在節誕期間
在大殿的壇前誦經。
(嗇色園出版《香江顯迹》)

皈依冠巾證盟科儀等。法會上，經過培訓和考核的弟子經師，在高功法師
的引領下，儀軌行進如法如儀，道場肅穆莊嚴，攝受人心，在場信眾頓感
這些科儀有遍照法界，可以上稟天庭、下達幽冥的功力。神聖的科儀和莊
嚴的壇場，使信眾感受到通過經師的唱誦和奏請，神靈就會傾聽自己的祈
求，願望就會得到實現、在地下的亡親會得到升登。顯然，這些科儀的通
神和濟度功能，能幫助信眾解脫各種思想苦悶和世事煩惱，在心靈上得到
滿足、充實和感到喜樂，這種滿足使信眾對仙佛的信仰更加堅實了。據嗇
色園的公佈，最近十多年，每年恆常舉行賀誕及禮斗科儀四十多次，疫情
前的2019年更達四十九次，部份科儀更廣邀善信一起參與朝拜。在弘道闡
教方面已全面走入社會、廣結善緣，實踐了善道同行的理念。

2000年大仙誕，眾弟子合照於大殿前的「金華分蹟」牌坊下。
身穿紅色道服者是嗇色園董事、黃色道服者為法會的經生。(嗇
色園出版《香江顯迹》)

信眾參與誦經活動

嗇色園近年科儀變革

經懺科儀文化班

為培養經生道長團隊，2005年起開辦「經懺科儀文化班」，學員為新入道的會員弟子及園內弟子、會員及其親屬，教授道教文化及科儀儀範。(嗇色園官網照)

賀誕科儀

嗇色園尊崇儒釋道三教仙真神佛，所以園內弟子經生恆常進行賀誕科儀共有32位尊神。每次賀誕均按儀軌佈壇，開壇後經師誦唱「讚」、及「寶誥」，以稱頌仙真的靈驗神蹟。(嗇色園官網照)

大獻供科儀

　　「大獻供」是依照道教全真道儀軌進行的莊嚴而隆重的敬神科儀，目的是上報天恩，下祈福祐萬民。由於法會禮儀法則嚴格，對新組成的經師團隊是極大考驗，所以2006年嗇色園首次啟建「大獻供」法會時，備受社會各方關注。法會相當成功，其後在2011年、2015年先後在香港及黃大仙師誕生地浙江金華啟建「大獻供」法會，2017年初更在紅磡體育館進行禮斗大獻供科儀，儀式盛大，同年6月，應邀首次虔請黃大仙師「移鑾」參與「澳門祈福迎祥獻供大法會」，活動吸引數萬民眾前來共沐神恩。（嗇色園官網照）

拜 懺

拜懺，是向列聖仙真懺悔過錯，求取赦罪祈福的科儀。在嗇色園鳳鳴樓內，經生引領園內弟子及信眾齊誦「仙師懺」的禮懺活動。「仙師懺」是《赤松黃大仙師寶懺》的簡稱，是嗇色園普宜壇的專用禮懺科儀。另外，《太上碧落洞天慈航靈感度世寶懺》、《關聖帝君寶懺》及《呂祖無極寶懺》亦為恆常禮拜之懺本。【嗇色園官網照】

禮斗法會

禮斗，源於古人對星斗的崇拜，即禮拜祭祀天上星宿神明，尤以崇拜北斗為主，認為可消災解厄、安泰康榮。嗇色園的禮斗儀範取材自經已失傳的《禮斗科儀延生心經》，首次啟建於2006年，法會於大殿前的拜台佈置「斗陣」，現場禮斗燈儀絢爛，儀式隆重莊嚴，在場信眾，無不感應仙聖神恩。法會其後於2007年、2008年、2015年以及2017年多次啟建，其中尤以2015年與香港道教聯合會於香港紅磡體育館合辦的「萬人祈福讚星禮斗大法會」最為哄動。法會上經師淨心誦持，高功法師儀法威嚴，步罡踏斗，斡旋天地，法會圓滿前取天火領眾於陣內點燈，禮成又領眾環繞星陣，虔誠禮斗。(嗇色園官網照)

皈依冠巾證盟科儀

過去嗇色園的入道弟子，只需經由園內弟子引薦，入道儀式
在壇前進行上稟。為發展園務，2005年嗇色園向社會發出招
收新會員的通告。2006年，首批二十七名經嚴格考核及通過
經懺文化課程培訓的新會員成為「普宜壇」弟子。為隆重和
更具儀式感，嗇色園首次舉辦「皈依冠巾證盟科儀」，儀式
廣納眾多經本的要素，重新編訂而成為嗇色園以後新入道會
員弟子入道的儀式。皈依儀式中，入道弟子由「保舉法師」
保薦、由「引禮法師」引領入壇、再由「監度法師」和「證
盟法師」宣讀經文作證，接著由高功法師上稟諸天。至此，
各新入道的者需在壇前立下「清靜心」、「大願心」及「堅
固心」等慈願後，即獲授袍冠巾，高功再以戒尺授戒，禮成
前頒授「道牒」。【嗇色園官網照】

079

幾項有代表性的黃大仙信俗活動

頭炷香和歲末酬神

除夕夜的子時前，在園外及拜庭擠滿等候上頭炷香的信眾。 (2016年)

　　上「頭炷香」是黃大仙信俗最具代表性的習俗之一。每年除夕晚，黃大仙祠通宵燈火通明，以方便數以萬計的善信到來上香祈福，祈求合家平安、事事順意。最近十多年來，嗇色園監院李耀輝道長親任高功，引領一眾董事、經生、會員道長及嘉賓，午夜前鳴鑼開道，列班進入大殿，舉行正月初一奉香科儀。午夜十二時正，殿內鐘鼓齊鳴，道樂奏起，高功帶領上「頭炷香」，並舉行「五行七星護香江祈福科儀」，為香港祈福，祈求國泰民安、百業興旺。最近幾年在疫情下，嗇色園已連續三年不開放給善信進園上香，但為廣大市民祈福的善舉不改，道長們在大殿為市民祈福的科儀網上直播，並邀請善信午夜12時，面向獅子山一起祈福。

　　感恩惜福，是中國人傳統的美德，所以每年歲末，大少向黃大仙師許願後而得到護祐的信眾，都會在冬至以後的歲末時日，陸陸續續到來向仙師表示謝恩，他們會帶同花果福肉和寶帛等，入園上香，以示謝恩，此外還會捐獻作為對嗇色園慈善事業的支持。

慶賀黃大仙誕

舞龍賀慶大仙誕

　　每年農曆八月廿三日是黃大仙寶誕，酬神賀誕已成為習俗。賀誕儀式隆重，當日大殿外早早已跪滿為酬謝神恩專程而至的信眾。上午吉時，嗇色園的董事、經生、會員道長鳴鑼開道，列隊進殿，主科在門外的香爐上大香後、三跪九叩、洗魚、誦讚琳瑯讚、宣表文，然後在場內及門外灑淨，用上淨天地解穢咒，誦唱祝香咒、請聖讚，獻上五供、花、果品及酒後，齊唱仙師讚、讀赤松黃大仙真經、寶經等，再由主科宣讀意文，誦讚祝壽讚，最後獻包、雞、福肉（燒肉）及寶帛，至此儀式禮成，殿外工作人員響鐘鼓24下，道長們向到來賀誕的殿外跪拜信眾派發大仙利是，眾人帶著滿心的法喜而回。

大仙誕日大殿外的跪拜信眾

上契結緣

2019年上契
大仙儀式

2016年上契
大仙的信眾

將家中年幼子女上契仙佛，是中國古以有之的民間信仰習俗，廣大的民眾基於對黃大仙師「有求必應」的信念，深信仙師能庇祐家中的子女健康成長，多年來不少人到仙祠參拜，將子女「上契」給仙師。為達成這些善信的心願，也希望這些「上契」的儀式更具莊嚴感，嗇色園在2016年九十周年紀慶日首次舉辦「黃大仙師上契結緣儀式」，年滿三歲至六十歲的孩童及信眾，不分男女、不論種族，均可「上契」，消息一公佈，來報名的人絡繹不絕，首屆就有數百人參與，其後曾舉辦了三次。上契科儀由嗇色園監院參考傳統道教科儀典籍增刪編修而成，眾人在儀式中先向仙師行三跪九叩禮，為求上契者對黃大仙信仰有堅定的虔誠心，經由監院開示講授黃大仙「十訓」要義後，才可成為仙師的契子女。儀式圓滿前，契子女領受「仙師上契信物」及「契書」。為使這些仙師的契子、契女有正向的人生觀，嗇色園會為他們組織活動，以祈在仙師「普濟勸善」的精神的感召下「善道同行」。

黃大仙信俗

082

啟蒙開筆禮

2022年9月的開筆禮

「開筆破蒙」是中國人的古老習俗，孩童在識字習禮之前，都必須祭拜孔聖先師，方可入學，稱之為「開筆禮」，目的是以儒家的道德教化，期望學童奮發向上，學而有成，所以儀式隆重。時至今日，這些儀禮已漸被遺忘。然有子女將要上學者，無不希望子女聰明伶俐，學業進步。為此，嗇色園在2018年起，先後幾次為當年入讀小學一年級的學童舉辦「開筆禮」，不論性別、國籍均可報名，參與人數每次多達數百人。儀式中，各學童身穿儒服，嗇色園監院先上表孔聖先師，再以硃砂為學童點額以「開智」。接著魚貫進入嗇色園的麟閣參拜孔子聖像、上香等。最後是派發證書和毛筆，各人在現場以毛筆寫下「人」字，至此禮成。這些儀禮，能讓小孩自小就種下「尊道崇儒」的根基，意義重大。

現代宗教慈善團體的育成

歷經百年的發展，今天的嗇色園已不是一所僅僅集合道眾清修之地，在園務的管理上，由於早在初創時已設立藥局贈醫施藥，所以從性質上而言並非只是一座傳統的廟宇，而是一個宗教社團！根據社會的實際情況，原先以扶乩任命的管理層的制度，到了五十年代起實事求是地減弱乩示的影響，改為杯卜選出值理，先由會員間相互推舉，再在仙師的壇前杯卜請准，組成一個管理班子，算是一種半人事半神判的任命方式。到了六十年代中園門洞開，慈善事業的多元發展，客觀上要求必須有更透明的管理機制，更完善的組織結構，才能適應發展的需要。至此，嗇色園實行管理革新，為使更多社會賢達及熱心公益人士參與，在七十年代初起增加了名譽顧問，至八十年代中更新增多位分別來自東華三院、黃大仙民政事務處以及華人廟宇委員會的代表出任董事。在組織結構方面，成立多個不同的管理委員會，各司其職地分管園務。這種與時並進，其命維新的取態使嗇色園逐步從宗教慈善團體，進取成為現代宗教慈善社會服務團體。

嗇色園在實踐宗教意義方面的慈善義舉，諸如建醮超幽，啟建萬善緣法會俾信眾附薦先靈以至近年多次舉行的大獻供、禮斗法會、禮懺以及開筆禮、上契大仙、為香港市民祈福等等，都有很大的社會回響，信眾在感受法會氛圍的同時，都有共沐神恩的喜悅，這些法會讓人紓解不安、懷抱希望、充滿信心地面對生活起了很好的作用，換句話說，法會天醮就是有建構祥和社會基石的效果，這些本書以上章節已作了介紹。這裡簡介一下嗇色園外施普濟，利澤群生的各項慈善事業和社會服務。

醫療服務

「救疾扶傷，以助困厄」是嗇色園當前在醫療服務方面提出的宗旨，是嗇色園的首要善行。

贈醫施藥是中國傳統善業的基本要素，早在十九世紀末、二十世紀初

嗇色園的醫療服務機構

機 構	創設年份及服務範圍
中藥局	初創於1924年，設於嗇色園園內，每天為百多名來求診者贈醫施藥。此外中藥局醫師會定期到屬下長者中心提供外展服務。
中醫服務中心	新增設於2010年的門診，服務範圍包括內科、婦科、兒科、皮膚科、五官科及針灸科。收費以收取基本營運費用為原則，目的是為有需要市民提供優質及可負擔的中醫藥服務。65歲或以上長者，藥費及針灸費用可獲優惠。
中醫診所	2022年5月在港島區新設，服務範圍包括內科、婦科、兒科、皮膚科、五官科及針灸科門診。並提供恆常的冬夏天灸保健療程。 65歲或以上長者，藥費及針灸費用可獲優惠。
西醫診所	初成立於1980年10月，原設於黃大仙祠內醫藥大樓地下成立，以低廉收費為社會大眾提供醫療服務。1999年2月，診所遷至嗇色園的社會服務大樓。 西醫診所設有由善長仁翁捐贈的黃允畋慈善基金(醫療)，凡領取綜合援助或傷殘津貼之貧病人士，均可向此基金申請豁免掛號費，如需作各項病理化驗，亦可向免費化驗基金申請津助化驗費用。 隨著社會需求的增加，嗇色園亦致力令西醫服務更多元化，新增耳鼻喉專科門診及痛症專科門診服務。
牙醫診所	成立於1999年，服務範圍包括洗牙、補牙、脫牙、根管治療及配製活動假牙等。診所成立所需的儀器及2008年設備更新均獲華永基金撥款津助購置。 由2009年8月3日開始，牙醫診所已申請成為社會福利署認可的綜援保障牙科診所。由2015年開始，牙醫診所已登記成為「關愛基金長者牙科服務資助」診所。在香港賽馬會捐助下，牙醫診所推出「賽馬會嗇色園護齒健樂計劃」，增設兒童齒科門診服務及進行免費外展口腔健康教育活動，為全港各區學童提供牙齒護理知識。
物理治療中心	1999年4月正式啟用，翌年全面提供門診服務，設在黃大仙鳳德道嗇色園社會服務大樓。65歲或以上長者可獲折扣優惠，經嗇色園西醫診所轉介而又領取綜援或殘疾人士，醫療費用豁免。
眼科視光學中心 嗇色園-香港理工大學 合辦	2009年初啟用，嗇色園撥款購置專業器材，另亦額外增撥資源津助經濟有困難人士，以豁免其支付全部或部分服務費用。 檢查範圍包括：視力與屈光檢查、視覺功能檢查及眼睛健康檢查三方面。眼科視光師按臨床需要，為應診者提供不同檢查項目如：詳細問症、視力及屈光度數、雙眼協調、色覺普查、視野分析、眼內壓量度及眼睛內外健康等。如有需要會為應診者拍攝眼底影像及提供轉介服務。

的番禺菩山「普濟壇」，「黃大仙藥籤」及大仙的乩方，曾在廣東、廣西地區多次爆發疫情時活人無數，這是一種「普濟」的善舉，由於靈驗，所以聲名鵲起，壇務迅速發展。繼承「普濟勸善」的宗旨，嗇色園在初創不久的1924年，除了仙方施藥濟世，更因地制宜地面向社會，在園外聘中醫

五六十年代設於大殿旁的醫藥局

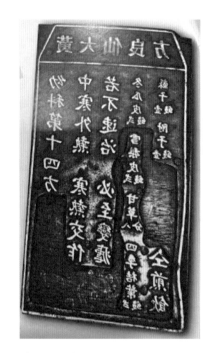

黃大仙籤方的印刷版

設於嗇色園內的醫藥局，近年已作了全新的裝修。

（嗇色園官網照）

2022年最新開設於港島的中醫診所（嗇色園官網照）

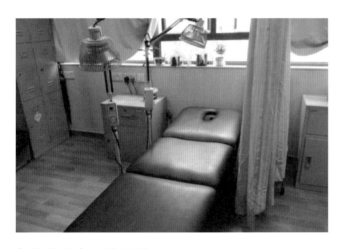

中醫服務中心的設備（嗇色園官網照）

西醫診所（嗇色園官網照）

牙醫診所（嗇色園官網照）

第四章 信仰為經 善業為緯——嗇色園黃大仙祠的信俗基因

眼科診所（嗇色園官網照）

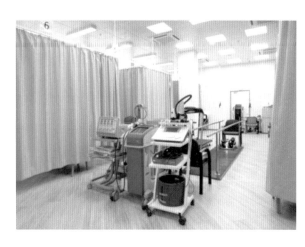
物理治療中心的設備（嗇色園官網照）

師設醫局，就是在日佔的艱難時期，亦無間斷，其時不但園內有乩示的仙方，更多的是來求藥籤的信眾。隨著社會的發展，時至今日，嗇色園因應社會的需求，先後已開展了多項醫療服務。據統計綜合各項醫療服務，每年有近十萬名市民受惠。

教育服務

「興學育材 有教無類」是嗇色園當前在教育服務方面提出的宗旨，事務由董事會轄下的「教育委員會」負責領導。

嗇色園辦學起步於上世紀六十年代末，其時正值戰後第二代出生的青少年的成長期，適齡就學的學童由於學位緊缺，很多失學，尤以中學為甚。為此，嗇色園在1969年在新蒲崗創辦了第一所學校——「可立中學」，經過多年發展，現已開辦了4所中學、3所小學、1所連貫式的中小學及6所幼稚和幼兒中心，此外，還有「可觀自然教育中心」及「嗇色園生物科技流動實驗室」等十六個非牟利教育機構，遍佈港九、新界、離島，為香港學童提供多元化的教育服務。

嗇色園的辦學方針是以「學生為本」，強調「因材施教」，因應學生不同學習階段的心智發展特性規劃全方位課程，透過不同的學習機會，發掘及培養多方面的潛能。嗇色園尊崇儒、釋、道三教，所以在轄下中學推展道德教化工作，透過教導學生孔孟、佛陀及老莊的思想學說，弘揚中國傳統道德觀念及倫理觀，讓學生修養品德，培養青少年有正向的價值觀及生活態度。至於幼小的學童，則推行「兒童誦讀經典計劃」，從《弟子

嗇色園主辦的教育機構

校名	地區	創辦年份
可立中學	黃大仙區	1969
可風中學	荃灣區	1974
可道中學	元朗區	1990
可藝中學	屯門區	1993
可譽中學暨可譽小學	離島區	1997
可信學校	荃灣區	1975
可銘學校	元朗區	1992
可立小學	黃大仙區	1996
可仁幼稚園	南區	1982
可德幼稚園及可德幼兒中心	黃大仙區	1989
可瑞幼稚園	元朗區	1993
可愛幼兒園	九龍城區	1997
可立幼稚園	黃大仙區	1997
可正幼稚園	西貢區	1982
可觀自然教育中心暨天文館	荃灣區	1995
嗇色園生物科技流動實驗室	離島區	

可立中學是嗇色園首間創辦的學校，1966年舉行奠基禮。

荃灣的可風中學，是嗇色園辦的第二間中學。

可譽中學

可信學校

可立小學

可觀自然教育中
心暨天文館

學生朗讀經文（嗇色園官網照）

規》、《三字經》、《道德經》、及《論語》等選材，使學生從小透過經典的薰陶，培養正面健康的思維及品格；亦藉著朗讀及背誦經典著作，逐步建立良好的語文基礎。

社會服務及公益服務

對於善慈機構而言，「社會服務」是一個很廣泛的概念，可以說但凡社會有需要的以及有利社會發展的公益事項，都可歸類到「社會服務」上來。嗇色園作為一所宗教慈善機構，在五六十年代，一直都是尊行傳統善業而為，諸如施醫贈藥、救賑風火水災、施棺恤寡等等，都是屬於救急扶危、解困排憂的舉措。

六十年代中，隨著香港社會的發展，人口越來越多，社會福利和各項社會保障極度不足，社會積壓的問題越來越嚴重，政府在無力獨自解決積壓的社會問題的情況下，呼籲香港具備財力的宗教與福利社團辦福利事業，並表示政府可協助玉成，意思就是希望志願團體進一步介入社會福利工作。政府的呼籲，是嗇色園的菩業從傳統去走向有規模、有計劃地按社會需求開辦「社會服務」的契機。

目前，嗇色園的社會服務主要集中於安老服務方面，1979年，第一所可敬護理安老院投入服務，在安老護耆的信念下，現時的安老機構已發展至十八所，不但有住院照顧，更有日間的活動中心、長者健康的家居服務及社區照顧等等。

安老服務機構

院舍名稱	地區	
可蔭護理安老院	黃大仙區	1998
可安護理安老院	葵青區	1986
可善護理安老院	大埔區	1987
可誠護理安老院	沙田區	1990
可祥護理安老院	屯門區	1991
可健耆英地區中心	深水埗區	1989
可聚耆英地區中心	黃大仙區	2000
可康耆英鄰舍中心	大埔區	1983
可平耆英鄰舍中心	黃大仙區	1986
可泰耆英鄰舍中心	沙田區	1991
可頤耆英鄰舍中心	黃大仙區	1992
可富耆英鄰舍中心	黃大仙區	1994
可澤耆英鄰舍中心	深水埗區	1986
可旺耆英鄰舍中心	油尖旺區	1996
可榮耆英鄰舍中心	觀塘區	1997
可慶健康服務中心	黃大仙區	1987
可寧健康服務中心	葵青區	1985
可頌綜合家居服務	深水埗區	2022

「嗇色園社區學院」
設有各種課程動，幫助
長者保持身心健康。

「可頌綜合家居服務」，是嗇色園第18間服務長
者的機構，2022年7月開辦。（嗇色園官網照）

　　嗇色園「公益服務」的拓展，是為了將善業進一步深入社會各層面，
發揮憫世解厄的精神。自2009年起，將原設有的「黃允畋慈善基金（其他
慈業）」納入社會服務體系運作，改為「嗇色園緊急援助基金」，對社會
突發性災難事故撥款以緊急援助。此外，基金亦會撥款資助社會上有需要
的人士，例如為有特殊學習需要的兒童作評估等等。

　　嗇色園最新的社會公益項目，是參與黃大仙區首個過渡性房屋項目的
營運。為紓緩香港社會日益嚴重的居所短缺以及長時間輪候公屋問題，政

府在2020年推出「支援非政府機構過渡性房屋項目的資助計劃」，經過周詳的計劃，嗇色園與政府合作，參與「過渡性房屋項目」的營運，在嗇色園旁的空地建「可悅居」，被譽為嗇色園善業的重大里程碑。

安老院長者們的文娛活動。

嗇色園與政府合作，參與「過渡性房屋項目」的營運，在嗇色園旁的空地建「可悅居」。2022年9月24日項目舉行動土典禮。（嗇色園官網照）

復康護理及家
居照顧培訓

護理技巧培訓

第五章

「國家級非遺」後的新動向

　　信俗非遺的保護重點在活態傳承，而活態傳承則需要樹立信俗培育——即讓文化遺產傳承人主動保護和傳承自己非遺——的信心和耐心。香港黃大仙信俗，從其根植香港開始，就已經建立了弘揚普濟勸善宗旨，同修三教，共樂太平的願景。然後在戰後及時地順應社會需要，對外開放，而且積極在社會服務範圍進行各方面發展，又以各種活動，包括醮會、酬神、頭炷香，以及加強園內的各種建設，密切仙師與信眾的關係，使嗇色園黃大仙祠成為行善平台，帶動全港市民共同支持或參與各項慈善事業，從而成就了以「善」的信仰為特徵的香港黃大仙信俗。自成為「國家級非遺」，大仙信俗與嗇色園保育有不少新猷。

關愛中、青、幼信眾，擴大信仰影響力

　　向月老祈願求得良緣、與神明上契以得到庇祐、行開筆禮以望學業進取等信俗，嗇色園皆自民間吸收再加提煉，構建上契科儀、啟蒙開筆禮等新獻，既貫徹「普濟勸善」一直遵奉的信仰原則，也表述仙師對信眾的關愛，可作歇後語「黃大仙——有求必應」之印證。以上種種，本書上一章節已作了介紹，這裡不贅。

創建文化空間、注重文化及生態保育

　　20 世紀90 年代開始，聯合國教科文組織，將「文化空間」這一概念闡述如下：「文化空間可確定為民間或傳統文化活動的集中地域，但也可確定為具有週期性或事件性的特定時間；這種具有時間和實體的空間之所以能存在，是因為它是文化表現活動的傳統表現場所」。2005年國務院制定的《國家級非物質文化遺產代表作申報評定暫行辦法》指出，文化空間是「定期舉行傳統文化活動或集中展現傳統文化表現形式的場所，兼具空間性和時間性」。嗇色園通過殿宇增建（本書上一章已作介紹）、定期廟會、夜間開放等等舉措，旨以建成傳統文化活動的場所。

文化保育

　　宗教本身是一種以信仰為核心的文化，同時又是整個社會文化的組成部分，這些文化在信徒的精神生活中發揮着作用，而且對社會的精神文化生活也產生了影響。黃大仙信俗是與神明相關的民間習俗，以生活形式表現其信仰內涵，深入港人生活各個方面，嗇色園的弟子強列地意識自身的宗教文化價值，千禧年前後，在進行一系列的宗教事務變革的同時，逐步開展辦學術研討會、文化講座、開經懺文化課程及出版文化書籍等以進行

文化保育。

　　2014年，「香港黃大仙信俗」成功申遺以後，更感加強信俗文化的推廣和保育的重要。2018年董事會特別設立「文化委員會」，以辦文化講座、展覽、整理經本及收集文物等推廣儒、釋、道三教思想文化和黃大仙信俗。2021年，在嗇色園百年紀慶時一系列面向社會的文化活動次第展開，首先是成立「黃大仙信俗文化館」、2022年在新蒲崗開辦「文藝院」、舉辦「百年香港黃大仙信俗巡迴展」以及「第一屆黃大仙信俗文化節」等等，更深入和持續地宣傳黃大仙信俗文化的育成以及與廣大信眾以「普濟勸善」的宗旨，一起「善道同行」。

黃大仙信俗文化館是全港首間由傳承團體創建的非遺項目主題展覽館，為吸引年青一輩觀賞，以「融和現代科技 弘揚傳統文化」為目標，以現代科技呈現傳統文化，設有多種互動的數碼設備，為參觀者介紹黃大仙信俗的源流，做到雅俗共賞。

信俗文化節的開幕禮

在壇場佈置

嗇色園以「傾聽．歷史回聲」為題，舉辦第一屆「黃大仙信俗文化節」，節目多元，包括多次文化講座，各種傳統工藝工作坊、導遊大仙祠、黃大仙寶懺參禮等等。（嗇色園官網照）

信俗文化節開幕禮上，嗇色園普宜壇道長聯袂在鳳鳴樓闡演淨壇科儀。

獲康樂及文化事務署非物質文化遺產辦事處的「非物質文
化遺產資助計劃」資助，先後在圖書館及商場舉辦四場
「百年香港黃大仙信俗巡迴展」，推廣黃大仙信俗文化。

嗇色園百週年紀慶辦花燈廟會，介紹花燈製作
的工藝傳承，還原民間廟會習俗。

在嗇色園鳳鳴樓舉辦「慶回歸25載：昔珍中
華文物展」，展出由新石器時代至民國初年
數十件珍藏文物以宣揚中華傳統文化。

文化藝術推廣

　　2022年8月31日嗇色園於新蒲崗新成立一所文化藝術推廣中心——文藝苑，宗旨是普及中華文化藝術，希望將中華文化精髓傳承下去。成立伊始開辦各式文化工作坊：

· 圍棋文化體驗工作坊
· 國畫點滴工作坊
· 中華茶文化「茶說說茶」工作坊
· 手工倒流香工作坊：

　　嗇色園文化委員會於新蒲崗成立「文藝苑」，宗旨是推廣中華文化藝術。開幕禮上，書法老師及古琴老師即場表演助慶。

嗇色園文藝苑成立典禮上，學者專家對話介紹嗇色園的文化出版物。

打造環保廟宇

道家以老子的「道法自然」為中心思想，故嗇色園自八十年代開始推行環保政策，陸續於祠內實施禁燒元寶、禁携生油、燃點少量香枝等措施，減少燃燒紙張及蠟燭，並鼓勵善信透過以鮮花作供品祈福祝願，保護環境，避免浪費。嗇色園入祠善信遊客絡繹不絕，香火鼎盛，燃燒香枝帶來的空氣問題，成為嗇色園致力研究香枝及香灰的契機。2014年獲「環境及自然保育基金」撥款資助，研發全港首個應用於廟宇的「煙香減少及除味系統」和「環保化香爐」，減少煙香造成的空氣污染，為其他祠宇樹立環保參神典範。2017年1月，「煙香減少及除味系統」和「環保化香爐」在祠內正式啟用。

創設「藝術＋音樂＋宗教」的空間

自2021年正月十五起，嗇色園黃大仙祠每逢初一、十五延長開放至晚上9時正，在絢麗多彩的燈飾襯托下，讓善信一覽黃大仙祠美麗的夜景。黃大仙祠會在初一、十五夜間開放時段預備不同主題的特備節目，農曆三月初一（4月12日）率先呈獻「中樂表演」，由嗇色園「普宜樂坊」於祠內從心苑為遊園人士演奏，歡迎善信相約三五知己在夜色之下順道欣賞絲竹之美，共享美好時光。每逢農曆初一、十五晚上，除大殿外，盂香亭、孔道門等亦設有燈飾，亮麗中更顯殿宇的莊嚴神聖。

開展生態研習與教育

　　2015年6月，嗇色園成功獲選計劃，將何東麥夫人醫局活化為生態研習中心。何東麥夫人醫局1932年興建，1933年落成，為新界區最早期鄉村診所之一，由何東爵士（Sir Robert Ho Tung）捐資建成，並以其原配夫人麥秀英（1865-1944）命名。醫局1934至1973年間，主要用作產科中心和印度籍軍人療養所，不少金錢村、河上鄉、古洞村民在醫局出生。醫局亦曾用作普通科門診，直至2005年為止。2009年12月獲古物諮詢委員會評為二級歷史建築物。醫局位處綠樹林蔭的古洞鄉郊，鄰近塱原一帶，有豐富的生物多樣性和特殊的生態環境，適合發展為本地生態探索中心，提供一系列社區生物速查課程及體驗活動，向新一代推廣保育自然生態及可持續發展的意識。

　　醫局的活化工程預計2023年年中完工並開始營運。中心設有展覽館（三個包括生態學家的書房、醫局宿舍、古洞故人醫局故事）、時光長廊、實驗室、休憩中庭及生態農業縮影區（桑蠶園、水稻田、生態池、農村生態徑、中草藥園、風水林），通過以上設施、多元化活動、工作坊及課程，讓市民及學生瞭解何東麥夫人醫局的歷史及香港自然生態。

何東麥夫人醫局活化為嗇色園生態研習中
心，預計2023年年中開始營運。

跨項目推動「非遺」保育

康樂及文化事務署於2017年8月14日公布首份「香港非物質文化遺產代表作名錄」，涵蓋共20個項目，嗇色園活動除與20項中之道教科儀音樂、紮作技藝緊密相連，還與粵劇、南音、古琴藝術（斲琴技藝）、舞麒麟等或交流、或邀請、或互動。如：

- 2018年12月，嗇色園文化委員會前往「蔡福記」樂廠拜訪斲琴技藝傳承人蔡昌壽師傅，一窺斲琴之門技。嗇色園新成立「善道琴社」，透過古琴藝術推廣道教文化，以琴修身，以藝正道。

嗇色園文化委員會成員及「善道琴社」成員，到「蔡福記」樂廠拜訪斲琴技藝傳承人蔡昌壽師傅（中）。其後，眾人在「蔡昌壽師傅送給廿二世紀斲琴人的六十課」的首映禮上合照。

- 2017年8月5日首辦「普道文化同樂日」共賞躍動的文化——舞獅。
- 2019年3月3日「普道文化同樂日」，主題為「舞動的靈獸——承傳麒麟文化」，請西貢坑口馬游塘村國術會李有昌師傅團隊舞麒麟表演，葉德平博士主講麒麟的形象與文化意涵、舞麒麟在香港和非物質文化遺產的意義。
- 非物質文化遺產辦事處邀請藝團「一才鑼鼓」，遊走全港18區，除演唱傳統南音曲目外，更會為各區重新撰寫曲詞，用南音細說社區歷史及文化風貌，2019年7月14日南音遊記第七站來到黃大仙祠，以南音唱出黃大仙信俗的源流，道出這項傳統文化的特色。

南音遊記第七站來到黃大仙祠演出，用南音唱出黃大仙信俗的源流。

* 受疫情影響，嗇色園未能一如以往在黃大仙祠外廣場搭建戲棚賀仙師寶誕，為慶祝黃大仙祠100周年紀慶暨仙師寶誕，嗇色園於2021年9月25日移師至西九文化區戲曲中心舉行仙師寶誕朝賀粵劇晚會，由鳴芝聲劇團演出《福星高照》、《俠盜胭脂》及《三笑姻緣》劇目，虔請黃大仙師移鑾到會場，一連三晚與觀眾一同欣賞神功戲。

一百周年紀慶朝賀粵劇晚會上，
虔請黃大仙師移鑾到會場。

以上例子，就非物質文化遺產跨項目推動保育方面，嗇色園是積極並具創意的傳承團體。

嗇色園成功申遺後所辦的保育及文化活動

年份	活　動	性　質
2014	「1894-1920年代：歷史鉅變中的香港」國際學術研討會(*與珠海學院香港歷史文化研究中心、饒宗頤文化館合辦)	學術研究 資料系統化
2014	傳統信仰與非物質文化遺產———講座系列(*邀請學者主講)	公眾推廣及教育
2014	出版《道教儀式叢書》	學術研究 資料系統化
2015	舉辦廣結善緣祈福習經班	公眾推廣及教育
2016	黃大仙信俗與非物質文化遺產國際學術研討會暨第十七屆國際亞細亞民俗學會大會 (*與國際亞細亞民俗學會合辦)	學術研究 資料系統化
2016	黃大仙師上契結緣儀式 (*自此每年舉辦)	公眾推廣及教育
2018	成立文化委員會 (*進行檔案整理及數碼化、計劃及籌辦保育活動，並邀請各大專院校學者擔任委員會顧問。)	內部改革
2018	「首屆華南地區歷史民俗與非遺」國際學術研討會 (*與珠海學院香港歷史文化研究中心合辦)	學術研究 資料系統化
2018	萬世師表孔聖先師開筆啟蒙禮 (*自此每年舉辦)	公眾推廣及教育
2018	文化講座系列	公眾推廣及教育
2020	百年香港黃大仙信俗巡迴展 　　(*得到非物質文化遺產辦事處社區主導項目資助) 　　(**因疫情而延遲至2022年舉辦)	建立展示平台
2021	成立黃大仙信俗文化館 　　(*請得非物質文化遺產總監及三棟屋博物館館長出席開幕典禮)	建立展示平台
2021	舉辦黃大仙信俗文化館導覽及導賞員培訓課程 　　(*自此每年舉辦)	公眾推廣及教育
2021	出版《漫說歷史故事 黃大仙一百靈籤》	公眾推廣及教育
2022	出版《善道同行——嗇色園黃大仙祠百載道情》	學術研究 資料系統化
2022	成立文藝苑 (*推廣中華傳統文化)	建立展示平台
2022	舉辦七夕結良緣祈福科儀	公眾推廣及教育
2022	舉辦第一屆黃大仙信俗文化節 　　(*請得非物質文化遺產總監及非物質文化諮詢委員會主席擔任開幕主禮嘉賓)	公眾推廣及教育

資料來源：吳游鈴、陸昊旻、史芮齊、周昕豫：〈香港非物質文化遺產的現行模式與優化方向——以「黃大仙信俗」為研究個案〉（香港中文大學：文化管理碩士論文）

第十六章 | 香江處處有仙蹤

無可否認，香港黃大仙信俗的傳承和發揚，主要以嗇色園黃大仙祠為核心，由於其歷史最久，且位處交通方便的黃大仙區，所以影響極廣，歷經逾百年的弘揚，信眾遍佈海內外，全港設像奉祀黃大仙師廟宇亦不少，據不完全的統計，見於香港華人廟宇委員會轄下廟宇者有：港島南區石排灣的譚公爺廟和香港仔天后廟、鴨脷洲水月宮、赤柱天后廟、港島東區的筲箕灣譚公廟和天后廟、跑馬地黃泥涌譚公廟、新界葵涌天后廟等。至於一些位由私人或是族群所建或位於鄉郊的私營廟宇，如古洞的五公佛龍母廟、大嶼山梅窩白銀鄉文武廟、大角咀洪聖廟、青山屯門三洲媽廟等等，遍佈港九、新界、離島，可謂不分畛域，無遠弗屆，窮山距海，不能限也。

仙蹤・仙像

　　黃大仙信仰始自浙江金華，香港黃大仙信仰則始自1897年的廣東番禺菩山。據考，當年黃大仙師應菩山村族人扶乩時所請，多次臨壇並准予設「普濟壇」修道。由於乩方靈驗，在短短的十數年間，流播極廣，從延展途徑來說，隨著當年的道長四處出外謀生或是有意弘揚此信仰，最先從番禺菩山到廣州設「普化壇」，再而是到西樵的「普慶壇」。

　　其實，早在黃大仙師在番禺菩山村臨壇之前，廣東的民眾對黃大仙的信仰也漸有所聞並開始崇奉。據說，明朝滅亡，遺臣大司馬黃公輔擁著太子逃亡到現時廣東江門新會叱石山，見山上亂石無數，狀似山羊，讚歎不已，遂據《神仙傳》中黃初平揮鞭可將石變成羊的故事，將該山改名為「叱石」。清人在此建「叱石寺」，山上有嘉慶辛末年（1811年）間舟山所書的「叱石巖」三字可資證明。此外，光緒十六年在廣州印行的《粵境

圖一：光緒十六年在廣州印行的《粵境酬恩》一書，上載有「黃初平先師……八月廿三誕期」（照片由書作坊提供）

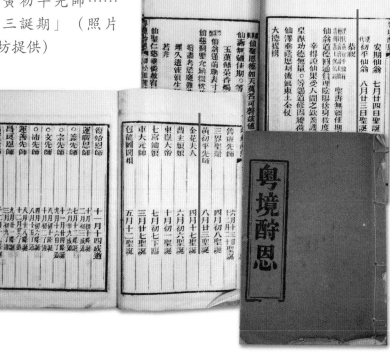

威靈感應黃赤松大仙寶像

圖二： 嗇色園硃砂白描大仙像

酬恩》一書，上載其時先天道的道侶所有酬神的誕期中，就有「黃初平先師……八月廿三誕期」（見圖一），由此可見，廣東地區，自清代始已有黃大仙信仰。

　　廣東與香港一衣帶水，長久以來，民眾往來不絕，黃大仙信仰道化香江，也說明這種狀況。1915年的一天晚上，西樵「普慶壇」主持、乩手梁仁庵道長扶乩之際，有仙聖臨壇說，時局不穩，速速將道脈南移，以策安全。梁道長當以仙聖之囑咐是從，連細軟也未及收拾，考慮到携帶塑像不方便，匆匆捲起黃大仙的畫像以及印製此畫像的木刻版，逃到香港來。

　　梁仁庵道長在香港輾轉在中環、灣仔等地設壇，以乩方和乩文佈道。數年以後，1921年，黃大仙再乩示，由九龍城碼頭往北走三千步，在獅子山下有吉地，可開壇設教。於是，梁道長按照「乩示」，建立「嗇色園」，以「普宜壇」作為壇號。大殿於1925年命名為「赤松黃仙祠」。

113

圖三: 刊印在《驚迷夢》書前的「總角黃
大仙像」（照片由書作坊出版社提供）

　　雖然據當年曾親歷廣州普化壇的老善信所述，其時壇上是供奉塑像
的，但時至今日，香港嗇色園大殿所供奉的，仍是1905年由梁仁庵道長由
西樵帶到香港的畫像，只是因年代久遠，已將木刻硃砂拓印的原稿，重新
印製在江西景德鎮的瓷磚上，供奉在壇堂。此像可以說是最經典的大仙形
象，畫像用硃砂以白描的筆法繪成，面容慈愛，神態雍容，雙目靈明，具
感化力。像中大仙以修行者的標准坐姿雙跏趺坐於雲霧繚繞的松樹之下，
右手持牧羊棒，五隻小羊繞於膝前，左手的食指與姆指結圈、中指豎起，
據說是隱喻仙師的生辰，即農曆八月廿十三日（見盧偉強《黃大仙與嗇色
園》），像的上方有「威靈感應黃赤松大仙寶像」字樣（見圖二）。

　　據現存的資料所示，在硃砂像之前，自黃大仙師在廣東菩山降壇之
初，道教八仙之一的鍾離權臨壇，向匍伏在地的眾人描述黃大仙的形象，
說大仙頭上有像舊日農村小孩束的人們一般稱之為「總角」的兩個髮髻，

鬚黑不甚長……說可按此描述繪成畫像，並將之刻印後放在後來出版的《驚迷夢》一書的首頁。此像於1899年十一月初九夜繪成（見圖三），後來黃大仙也曾臨壇以乩文讚曰：

呵呵呵，此是誰啊？待吾細看，原來我麼！傳神寫照，所錯無多，座位雖好，佈置婆娑，壽如松鶴，景若大羅。（見《驚迷夢》四集）

顯然，黃大仙師是認同此像的形態的，而據後來筆者採訪生活在菩山的老人的回憶，當年供奉在壇上的畫像，也是「總角」大仙像。但為何後來會衍化成西樵壇上的硃砂白描黃大仙像呢，相信是因為前者顯得農業社會化和生活化，而後者更為殿堂化吧！但總而言之，兩寶像相比，同樣具道家風範，而且親和力很強。

圖五：蘭溪黃大仙觀以「大漆脫
胎法」塑造仙師立體聖
像。

圖四：刊印在《黃大仙靈簽》封
面的大仙像，是最為常見
的畫像。

近百年來，隨著黃大仙信仰在海內外廣泛、深入的傳播，人們出於對仙師的尊崇以及方便在各廟堂或家居祀奉，自上世紀五六十年代起，坊間開始陸續出現以硃砂白描黃大仙像作為參照，繪畫出多種不同服飾，不同形態的畫像或塑像來。就連現時黃大仙的祖庭浙江金華（黃大仙成道處）及蘭溪（黃大仙出生地）等地的黃大仙宮，亦是以此傳統的「大漆脫胎法」塑造仙師立體聖像。這裡先介紹幾款常見的畫、塑像，其餘可參見以下第二、三節各廟宇、壇堂因應各自的設想，展現出不同姿采、神韻各異的大仙聖像。

圖六：　由珠寶金行送贈予參加黃大仙會信眾的大仙像

圖七：　在佛具舖出售予信眾作家居供奉的大仙像

圖八： 山邊路旁的黃大仙壇，亦
以藍衣、道帽像作供奉。
（原載於吳麗珍著《香港黃大仙
信仰》）

圖九： 九十年代以前供奉在筲箕灣
譚公廟赤松黃大仙壇上的大
仙畫像。該廟現已改為供奉
塑像，詳見下文介紹。（原載
於吳麗珍著《香港黃大仙信仰》）

圖十： 九十年代繪成，刊印於
《赤松黃大仙醒世經》黃
大仙立像

圖十一： 供奉在深水埗慶雲道社
的黃大仙塑像（照片由游
子安提供）

崇奉黃大仙的廟堂舉隅

香港仔天后廟（又名石排灣天后廟）

香港仔香港仔大道182號

　　自香港開埠以來，香港仔就是漁民聚居之地，漁民一向敬拜天后，此廟於清朝咸豐元年（一八五一年）由當地漁民集資興建，香火極盛。廟內在主殿之左則，設一壇供奉黃大仙，壇上之聖像，慈眉善目，蓄五柳長鬚，手持塵拂，頭上髮髻燦然奪目，身上衣著遍以金飾，造像極為精美。

位於香港仔大街的天后廟，由當地漁民集資興建。（攝於2021年11月）

天后廟內有黃大仙殿，壇上之聖像，慈眉善目，蓄五柳長鬚，手持塵拂，頭上髮髻燦然奪目，身上衣著遍飾金飾，造像極為精美。（攝於2021年11月）

鴨脷洲水月宮

香港仔鴨脷洲大街181號 （風之塔公園內）

　　建廟年份已不可稽考，但據廟內存有清朝光緒十七年(1891年)所懸掛的「水月宮」牌匾及重修碑記，顯示應早於一八九一年已經存在，據說由當地居民集資建造，現已被列為香港三級歷史建築，現由華人廟宇委員會管理。除觀音外，亦供奉關帝、天后、濟公及黃大仙。

環境清幽的水月宮及內奉的黃大仙師聖像

赤柱天后廟

赤柱大街尾1133號地段

赤柱天后廟是香港南區歷
史最悠久的一所天后廟，位於
赤柱大街近馬坑村，始建於清
朝乾隆三十二年（1767年），
是座兩二進式四合院設計的古
建築。二次大戰期間，村民曾
在廟內逃避戰火，因而極受當
地居民崇奉，香火鼎盛。由於
靠近赤柱地標美利樓的旁邊，
這裡也成了香港市民的旅遊熱
點。廟內主壇的右方是文昌、
華佗、譚公等列聖，特設了神
庵供奉黃大仙師。

位於赤柱大街的天后廟，香火鼎盛。廟內主壇的右
方，特設神庵供奉黃大仙師。（攝於2021年11月）

筲箕灣譚公廟

筲箕灣亞公岩譚公道

　　筲箕灣譚公廟興建於光緒三十一年(1905)，其時這裡一帶居民以捕漁和採石礦為生，當中以祖籍惠州人士為多，他們把惠州的「譚公」信仰帶來香港，並立廟供奉。現由華人廟宇委員會管理，曾經多次重修，2002年更依原規格重新修建，廟內主壇右則供奉的黃大仙師，由原來的畫像（見圖九)改為新塑製的立體聖像。

位於筲箕灣海傍的譚公廟，由當地漁民及採石商等集資興建，將惠州的「譚公」信仰帶來香港。（攝於2021年12月）

2002年該廟重建，將原來的供奉的大仙畫像（見圖九）改奉塑像。（攝於2021年12月）

121

筲箕灣天后廟

筲箕灣筲箕灣東大街53號

和上述譚公廟的情況一樣，本廟因當地漁民及商戶為得到天后庇蔭，於同治十二年（1873年）創建。據傳建成後翌年，香港遭逢一次史上最大的風災，全港傷亡無數，廟亦被摧毀，但相對筲箕灣損失最少，坊眾認為是天后娘娘以身保護坊眾所致，因此籌款重建。除天后外，廟內亦供奉關帝、觀音、呂祖、黃大仙等神祇。

位於筲箕灣東大街的天后廟與譚公廟雖相距僅200米，兩廟均設黃大仙壇，顯見當地民眾對仙師極為信奉。
（攝於2021年12月）

廟內的黃大仙壇，大仙聖像前配祠以孫悟空造型的護法神——「鬥戰勝佛」。
（攝於2021年12月）

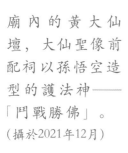

黃泥涌譚公廟

跑馬地黃泥涌藍塘道 9 號

　　此廟位於跑馬地藍塘道與雲地利道交界，建於光緒二十七年（1901年），集資者皆為居於黃泥涌區的客籍人士。廟沿小山坡而建，拾級而上，先見譚公廟，再上是天后廟，主壇右則，另設壇台供奉黃大仙師，據稱，戰後即已供奉，壇上的舊聖像及大仙畫像是廟中的文物。

黃泥涌藍塘道的譚公廟由原居當地客籍人士集資興建，已逾百年。隨著社區的發展，四週已被高樓所圍繞。
（攝於2021年12月）

該廟的黃大仙壇上，保留了歷來供奉的畫像和塑像，置於最前的聖像以木刻製，最為古老，歷經歲月，已被香火熏黑，是廟裡的文物。
（攝於2021年12月）

大角咀洪聖廟

大角咀福全街58-60號

　　大角咀洪聖廟可說是見證了深水埗發展的古廟，建於1881年，原是位於界限街與大角咀道交界處福全鄉內的廟宇，1928年，政府開發大角咀，附近一帶村落被拆卸，廟宇被遷往福全街現址。後交由廣華醫院重建及管理，1930年重新開放。現由華人廟宇委員會委託東華三院管理。廟內主祀海神洪聖，並配祀何仙姑、觀音、女媧、包公、北帝、地藏、準提及黃大仙等仙聖。

大角咀洪聖廟可說是見證了深水埗發
展的古廟，是坊眾祈福許願的勝地。
該區的大小慶典活動，都在廟前的廣
場街道上舉行。（攝於2021年12月）

洪聖廟內的大仙壇上，在頭戴道
冠的大仙塑像背後，掛有一幅相
似嗇色園早年由梁仁庵道長從西
樵帶來的硃砂白描大仙像，此像
由來已無從考據，相信是廟內原
先供奉的大仙像。由於時日久
遠，紙已變黃，紅色的線條也淺
淡，所以重新塑像供信眾參拜。
此外，壇上左則有一已褪色的小
海報印張，用鏡框鑲裱，字跡已
模糊難辨，但大致可看到是向坊
眾廣告洪聖廟內有靈驗的大仙
壇。（攝於2021年12月）

125

新界葵涌天后廟

新界葵涌葵涌道

　　葵涌村的天后廟，舊稱葵涌芒樹下天后古廟，由村民集資於清朝嘉慶的1796年興建。光緒三年（1877年）重建。廟宇原位於海邊的低窪地帶，1960年代，政府在葵涌填海發展新市鎮，附近不少齋堂、廟宇等另覓地他遷，僅此廟宇遷至葵涌道路旁，現由下葵涌村鄧氏族人管理，香火鼎盛。由於要滿足村民各種信仰的需要，要奉祀的神靈很多，但廟的規模不大，所以在廟旁另加築神壇，供奉黃大仙師、觀音菩薩和關帝。

葵涌一帶原為雜姓村，三百多年前由村民集資興建，上世紀六十年代因填海發展遷現址。（攝於2021年12月）

廟旁另設壇供奉觀音、關帝及黃大仙師。

大仙壇上同時供奉多座聖像，據說，除白衣大仙像外，其餘是附近村民因遷徙不便帶走而將家居奉祀的聖像移此。（攝於2021年12月）

古洞五公佛龍母廟

古洞燕崗

　　此廟是私人廟宇，約七十年前由釋妙慈法師在古洞創建，法師是廣東肇慶人，受家鄉悅城龍母信仰影響，在古洞設壇供奉。上水古洞一帶的鄉村，多為雜姓，為滿足附近村民在信仰上的需求，特別在廟中設壇供奉黃大仙師及呂祖仙師。妙慈法師諳醫術，能以五公佛附身為人治病，所以廟中香火極盛。法師其後又在粉嶺設菩提精舍供奉五公佛，六十年代到大嶼山隨筏可大和尚剃度出家。法師往生後，近年為方便打理，將原奉於菩提精舍的五公佛移奉至龍母廟。

2021年龍母廟由善信捐資重建，並將菩提精舍的五公佛移奉至此，廟易名「五公佛龍母廟」。（攝於2021年12月）

龍母廟的黃大仙壇原設在舊廟內，後因廟宇年久失修，屋頂橫樑被白蟻蛀蝕而塌下，但大仙壇仍完整無缺。廟宇重建後，特在廟的廣場設新壇，與呂祖先師同壇供奉，方便信眾參拜。（攝於2021年12月）

2022年5月壇上新奉祀黃大仙塑像

127

大嶼山梅窩文武廟

大嶼山梅窩白銀鄉

　　梅窩文武廟歷史悠久，建於明朝萬曆年間（1573年至1620年），其後歷經修葺，廟內供奉關聖帝君及文昌帝君，當年建廟是為了村民在採銀礦時引起爭執而作為仲裁機構，如今每年五月十三日為此廟文武誕，村民仍盛大慶祝。因梅窩地處偏遠，在廟內設黃大仙師壇方便村民崇奉。

已有四百多年歷史的梅窩文武廟，至今當地村民每年仍會隆重慶祝文武誕。（攝於2021年11月）

文武廟內的大仙壇，大仙聖像後的牆上，仍保當原先供奉的大仙畫像，此像應是臨摹自元清閣，據說由黃大仙的首徒張禹仙師在1948年降乩繪成。壇前供奉的坐像，亦為元清閣在上世紀九十年代中，據乩繪的大仙像委托廣東石灣名家塑製。至於文武廟與元清閣有何淵源，有待研究。（攝於2021年11月）

青山三洲媽廟

屯門 三聖墟 麒麟崗

三洲媽廟又稱三洲媽天后廟，位於青山屯門麒麟崗地界石公園的東門口，依山腳而立，廟內有1916年的古香爐，足證創建於清末年。

據說古廟內供奉的天后像由廣東台山縣上川島三洲塘而來，上川島又名「三洲」或「三山」，故名。三洲媽天后誕的正日是農曆四月十二，每年四月初八起一連五天，舉行神遊、神功戲、還炮等慶祝活動。

此古廟香火極盛，為方便屯門青山一帶民眾祈福許願，特在廟門前增設神龕供奉關帝及黃大仙師。

三洲媽廟在廟門口設壇奉祀黃大仙師

位於青山麒麟崗地界石公園的東門口的三洲媽廟

每年的四月初八日，古廟有迎請天后出巡的慶祝活動。

綜合上述，各奉祀黃大仙師的廟宇都是二戰前後已在廟中設壇，而且都是位於遠離嗇色園的九龍城區。今天的香港，尤其是自有地鐵開通以後，交通方便，四通八達，遠至大嶼山的梅窩，相信兩小時即抵達嗇色園，過去相信非得費一整天的時間不可，就以最近的葵涌而言，五六十年代時，從荃灣到九龍，只有一條巴士路線通到旺角。所以可以肯定這些廟宇並祀黃大仙師是為了滿足當地信眾祈福的需要。再一點值得注意的是，這些信眾來自不同族群，其中有原居民（如古洞五公佛龍母廟、葵涌天后廟），有各地遷移來的客家族群（如黃泥涌譚公廟），有浮家泛宅的漁民（如香港仔天后廟、青山屯門三沙媽廟）等，可以說都是認同黃大仙信仰「普濟勸善」的主旨，更相信大仙是「有求必應」。民眾追求美好生活，祈求願望達成，育成了如今不分畛域，無遠弗屆的崇祀網絡。

由嗇色園衍化而成崇奉黃大仙的壇堂

黃大仙信仰自1905年起流播香江以後，自二十年代始，先後衍化出幾所崇奉黃大仙的壇堂，究其成因，各各不同，其中有因當時的嗇色園地處偏僻，前往參拜不易；也有因戰亂無法入園而另設壇；此外有還有因其時佛教在思想理論上、組織結構上以及社會活動上形式上開始向現代宗教轉化，驅使嗇色園的個別道侶以佛化的形式崇奉黃大仙師等等。如今這些壇堂有因時日與人事遷移而湮沒，但仍有充滿活力與生機者。以下按成壇先後作介紹。

哆哆佛學社（原存於大埔半春園、上環永利威酒莊）

　　創立年份：1928年
　　·大埔錦山古松山石鼓壟17號
　　·上環永樂街

　　哆哆佛學社的創立頗為傳奇，在中國近代傳統宗教史上，有由佛入道的信仰者，與此同時當然也有由道入佛情況。哆哆佛學社的創立者黃筱煒就是後者。黃筱煒在上世紀二十年代初已是嗇色園黃大仙祠的忠實信徒，他在1928年去信遠在上海的印光法師，（見印光法師《文鈔三編》）詳述了他是如何由篤信扶乩，到黃大仙師親自降壇囑咐他另創立哆哆佛學社的過程。其後，作為佛教淨土信仰大力推行者的印光法師，又讓人將此事的根由始未收錄在《淨土輯要》中，所以雖事隔數十年，此傳奇仍是可追溯的。

　　黃筱煒自少習儒，很早就從商，他長袖善舞，1914年在廣州創辦永利威酒莊，香港、天津、廣州均有分號。後與山西汾酒廠合作，產品更見精進，其產品「五加皮」、「玫瑰露」遠銷星、馬及美洲等地，常因業務游走於港、滬及世界各地。1923年前後，有友人在香港供奉黃大仙，邀請他到場參觀，見壇上各人默稟問事，大仙都如各人所願，隨問隨答，屢屢

必有
應求

應驗，心覺奇異。未幾，他的兒子跌傷，屢醫無效，束手無策下求於大仙壇前，得大仙指引用藥，不久痊癒。其後又見酒莊的伙記及其他友人多次扶乩也靈驗，自此篤信大仙，並在公餘潛心學扶乩。期間父子二人及幾位友人等，經常一起扶乩，並得仙佛臨壇，囑要念《心經》、《大悲咒》、《金剛經》等佛教經文。

1925年五月初二，黃筱煒忽接仙師乩示，囑黃及幾位篤信者一起，同到其私人設在永利威酒莊四樓的黃大仙乩壇聽候乩示。當晚，大仙臨壇，明令壇內各人說，現今世界，人心沉淪，世風日下之時，非佛法不能挽救，今值汝等既篤信佛教，所以明白告知：

> 吾實哆哆娑婆訶菩薩，汝等自後直力向佛學做去，不宜做仙壇事，佛本無乩壇之設……自後以《金剛經》、《大悲咒》兩種作常課，並現非辦佛事時候，再候三年，則可自悟自謀，提倡念佛，乃其時也……

至此，同黃筱煒及友人等不再扶乩問事，並到上海皈依印光法師，法號德煒。而且不再任嗇色園的董事。幾年後，他去信給印光法師時表示，已按大仙指示，停乩及學佛數年了，想與幾位志同道合的友人組織佛學社弘揚佛法，並徵詢法師意見，可否在念佛儀規中，加入「南無哆哆娑婆訶菩薩」聖號。印光法師隨即回信表示，大仙確實指引得宜，因為如文殊、普賢、地藏、彌勒等菩薩在儀規中都並無聖號，所以不宜在念佛儀規中加入聖號云云。此外更囑咐黃德緯，應將哆哆娑婆訶菩薩「另供一處，朝夕禮拜即已。」

1928年，黃德煒在蒲崗村租下當時文人雅士喜歡聚集唱酬的曾富別墅其中一隅，正式組成哆哆佛學社。1930年代，黃德煒購入半春園現址，與當時仍任嗇色園協理的譚榮光、李亦梅一起籌建半春園。半春園依山而建，園門貌如城樓，入門即是大雄寶殿。再往前行則為觀音殿、德煒堂、望雲廬、慧觀樓等。旁側又有七寶地、八功亭、牌坊等。園內泉石花木、樓閣亭榭，布置得極盡天然之妙。園內又有「夢月池」與「源流不息池」兩個水潭。半春園的得名濫觴於當時三人定期前往半春園作半日遊，交流佛學及誦經禮佛，「半春」二字，內含「三人半日」之意。1938年，半春

園入口有一副嵌字聯，曰「半日參禪無我無人無漏果，春光輪照亦商亦道亦田園。」對園中的景況描繪得可謂極致。園內至今仍可見由譚榮光題字的「共證菩提」牌坊。

1953年，黃德煒將哆哆佛學社遷移到半春園，並增設園林山景以及多間殿堂。其中大雄寶殿內供奉由江蘇運來的西方三聖佛像，殿前設有一對銅麒麟司閣，當時興建的部分亭台樓閣，至今仍保持原貌。為遵從印光法師的指引，黃德煒在園內另闢小樓供奉哆哆娑婆訶菩薩，日夕上香拜奉。

1967年，黃德煒遺孀黃羅少珍按丈夫的遺願，將半春園移交香海蓮社接管，以便持續弘揚佛法。香海蓮社

哆哆佛學社講經之擠擁

昨日哆哆佛學社、聘請觀本法師講經、其題目為人生與極樂、所引學說、繁博精詳、言簡而中、幷將西方學者與佛教相同之點、闡解入微、是午難有徵、然到會團體及臨時參加者、絡繹於道、是日除講經解經外、觀本法師幷率其徒五六八、在哆哆佛學社、用念佛讚之五六八、會新聲念佛云、

1934年2月27日，香港《工商晚報》關於哆哆佛學社講經的報導。

半春園內的德煒堂門外，分別懸掛「哆哆佛學社」及「香海蓮社」的名牌。（攝於2021年12月）

133

成立於1933年，由曾璧山、李公達、周佛慧等人發起。香海蓮社接管後，易名為「香海蓮社半春園」，重修大雄寶殿、蓮花池，並先後增建地藏殿、觀音殿、藏經閣和思親堂等。

　　至此，或會有人對黃德煒以佛教的形式組織哆哆佛學社，崇奉哆哆娑婆訶菩薩感到疑惑。雖然黃大仙本是道教神祇，但是在傳統方面尤其是宋明理學，以傳統儒學思想為核心而兼融佛道兩教，這也是中國人三教歸一的信仰有機結合，況且黃德煒是自小就是習儒的！如果用這個論點去看，就不會感到突兀了。再者，回過頭來看看歷史和根基最是被認定的嗇色園，也是三教同奉的。二十年代初嗇色園在香港創壇不久，赤松仙師已降壇乩示《三教明宗》一書，在序文中更說：「三教同源，天地之理也。」又說熟讀三教聖賢之書，當可明三教同源之理。嗇色園在1933年製訂的《黃大仙嗇色園壇規》中載：「本園以提倡闡揚儒釋道三教之理性道學，並增設贈醫施藥，以期勸善普濟為宗旨。」所以嗇色園早在1921年建壇之初就有大殿和供奉孔子的麟閣，1933年建成盂香亭奉燃燈佛。

　　其實，在黃德煒而言，信奉哆哆娑婆訶菩薩或是赤松黃大仙師，在本意上都是一樣的，相信只是行儀上不一定相同而已！從他後來一直遵行

半春園內的黃德煒故居
（攝於2021年12月）

盡力於社會的各項善業來看，是以黃大仙信仰「普濟勸善」的宗旨行事。1951年，黃德煒眼見戰後不少貧童失學，捐資在其物業九龍城聯合道22號及24號地下的物業，開設義學——耀山免費學校，由哆哆佛學社負責辦學，專收貧苦失學兒童，以紀念其先父黃耀山。義學有課室4個，收容學生百多人。其後黃德煒將學校交予哆哆佛學社管理，由李亦梅任校長，但學校經費開支，仍其獨力支撐。哆哆佛學社辦義學後，隨即向政府申請建校，以求百年樹人之實現，獲政府在九龍城嘉林邊道撥地16000呎玉成其事。1954年耀山義學新校舍建造完成，有課室6間，分上下午班，共收容貧苦學生600餘人。譚榮光及其次子譚澤霖皆曾任耀山免費學校的校董；譚澤霖更兼任該校上午班校長。至六十年代，耀山免費學校轉由五邑工商總會承辦，改名耀山學校營運至今。此外，在辦義學的同時，半春園以哆哆佛學社名義在九龍城崇德街1號贈醫施藥，惠及貧民。

供奉在香海蓮社半春園內哆哆佛學社的哆哆娑婆訶菩薩（照片由馮佩珊提供，攝於2007年）

華松仙館

創立年份：上世紀三十年代（已於2016年前後結束）

九龍砵蘭街338號8樓

　　華松仙館雖已結束了多年，但其創建的過程也可說經歷曲折，其中也可以反映出當年道長們的虔誠道心，所以值得在此誌記。二十多年前（1999年前後），筆者曾因編寫《道風百年》訪問過位於旺角砵蘭街的華松仙館，雖時日久遠，印像最深的是當時該館的主持道長拿出其館藏的以毛筆書寫的《黃大仙藥方》，厚厚的一冊，分別以男科、婦科、兒科、眼科……記錄了各種科目的藥方，其中有勸人從善積福的簽詩，也有符方，看得出已幾經翻閱，紙已泛黃，縐摺不少，書冊的封面寫有抄錄自嗇色園黃大仙祠字樣。當時的道長介紹說，館內雖無贈醫施藥，但因大仙的仙方靈驗，所以經常有善信到壇先求簽而後抄錄仙方以治病，再觀壇前的金漆橫額，上書的「金華分蹟」，與嗇色園黃大仙祠的牌坊式樣相同，此外，壇上供奉的大仙像，亦是按嗇色園的殊砂白描像臨摹重繪，壇上擺設，也是仿嗇色園的報陳。因此大抵知道華松仙館與嗇色園之間應有淵源。

　　比筆者更早訪問華松仙館的，是九十年代中著《香港黃大仙信仰》的吳麗珍校長，她先後多次隨嗇色園創壇者梁仁庵道長的長孫梁根澤道長訪問過華松仙觀，從交談中可見，梁根澤道長與華松仙館的道侶是經常交往的。吳麗珍將采訪所得資料，在其著述的書中簡介過華松仙觀的起源。筆

三十年代，由華松仙館創壇道侶抄錄自嗇色園的《黃大仙藥方》封面，上書「求方抄用者，請分清各類症。（照片由書作坊出版社提供）

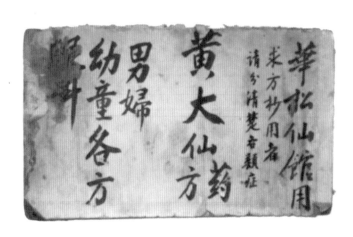

《黃大仙藥方》內頁（照片由書作坊出版社提供）

華松仙館的對聯，聯句嵌入「華松」兩字。（現藏於長春社，照片由游子安提供）

者在2021年12月和她的訪談中，她據回憶又補充了一些資料。吳麗珍當年編寫《香港黃大仙信仰》時，得嗇色園的創壇者梁仁庵道長的小孫、時任嗇色園董事的梁福澤道長所啟發，知道香港嗇色園雖然道脈是上接菩山普濟壇、廣州普化壇以及西樵普慶壇，但奉祀黃大仙不是嗇色園的專利，任何人都可以組織道壇，甚至在家中供奉。事實也的確如此，三十年代創壇的華松仙館，就是明證。

華松仙館確實的創壇年份已無法稽考，據知在戰前的三十年代，事緣嗇色園中幾位經常到園參拜和問事的弟子，有感九龍城竹園一帶位屬郊區，從市區前往，交通不便、舟車勞頓，於是聯合多位商賈善信先後在港

島的鴨巴甸街及九龍深水埗福榮街，創立普敬壇及普生壇。1937年抗日戰爭爆發，多位原先承擔道壇開支的道侶，紛紛離港避難，道壇被迫結束。其後幾位留港的道侶，包括黃庇德、鄧衡修、王榮修等，相信是覺得在戰亂當中，更需要有仙師的庇祐，於是合作在九龍紅磡觀音廟附近，另組普安壇。1941年未，香港淪陷，日軍在佔港之初，經常狂轟濫炸，據說當年某夜，道侶們得大仙乩示，囑三天之內，壇堂必須覓地他遷，神明的指引，那敢怠慢。倉卒之間，只得暫且將壇堂移奉到黃庇德道長位於彌敦道的家中。不久得知紅磡普安壇原址被炸，眾人更感大仙的靈驗。

五十年代中期，彌敦道市區發展，樓宇拆卸，普安壇的幾位道長捐資，並由黃庇德以私人名義向銀行貸款，購入砵蘭街338號8樓，正式成立「華松仙館」，並對外開放。由於嗇色園在1974年乩手衛仲虞道長歸道，扶止活動已停止，而華松仙館自始至終均接受信眾問事，所以到壇問事者因而有增，為此1976年再購入毗鄰新廈的七、八兩層，將兩座同層接通以發展道務。

華松仙館計劃在上世紀六十年代計劃註冊成為有限公司之前，曾有一註冊章程，相信註冊後的改動不大，所以章程一直懸掛在館內。章程規定館內崇奉：黃大仙師、呂祖先師、李道濟活佛及觀世音菩薩。創館的宗旨

華松仙館的神壇設置。壇前橫額「金華分蹟」，字體與嗇色園的牌坊相近，相信是據此以明道統。「恭迎聖駕」是乩壇對臨壇仙聖表達的迎請。（原載於吳麗珍著《香港黃大仙信仰》

黃大仙信俗

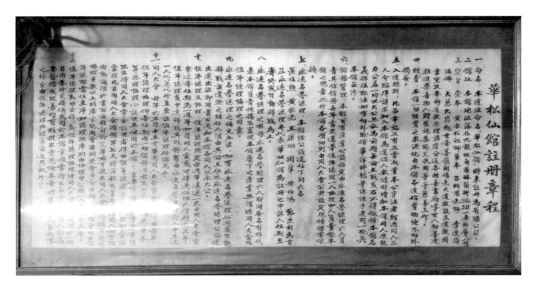

懸掛在華松仙館內的章程（照片由黃競聰提供，約攝於2016年）

是：揚光大道，設立圖書館、講經弘道，推進樂善助人，贈醫施藥，賑災扶困等等。並聲言一律開支由館內道侶資助，絕不向外捐簽。此外，設六名由公議產生的永遠名譽總理，包括：蕭樵勳、黃耀光、王康炳、關華、黃福鴻、鄧忠利，此六名永遠名譽總理除可代理華松仙館負責按揭及屬下資產外，更是註冊為有限公司的代表，任期至壽終或自動辭職為止。由於章程中各道長姓名，必須用俗名以便日後註冊及按揭等用，所以其中數人是否與前述的黃庇德、鄧衡修、王榮修等道長是同一人，則有待稽考了。

仙館在1969年註冊成為慈善法人團體，以「有限公司」名義經營，獲豁免一切稅項。因為規模細，香火不算盛，所以壇務開支一直靠各屆總理捐簽以及投燈維持。據當年吳麗珍訪問時，尚見到牆上有功德芳名錄，其中就有著名的陸羽茶室老闆等等。作為慈善法人團體雖曾有過與西醫診所合作行贈醫施藥的義舉，但因財力不足而無法實行。華松仙館在2016年前後結束道務，原因不明，令人感到可惜。仙館在戰後先後有兩任乩手，一是張敬修道長，後由李行道長續任。華松仙館的創立，雖然不少地方都是參照嗇色園的模式，但仙館打破嗇色園不收女弟子的慣例，使其後成立的元清閣以及願誠園亦仿效。此外，幾個由嗇色園衍化而成的壇堂中，只有華松仙館具有普敬壇、普生壇以及普安壇等壇號，這是何時由黃大仙師乩示的？此外，從仙館的弟子名錄中，幾位的道號都有「修」字，那是否都有派詩可循？這些疑問都隨著華松仙館道務的結束而無法追查了！

黃大仙元清閣

創立年份：1942年
九龍呈祥道地段6449

以「誠教信義　清靜明肅」為弘道宗旨的黃大仙元清閣，創立於1942年，創壇之初，道侶均為潮籍人士。近二十年來，筆者曾多次訪問元清閣，有關其創建歷史，曾先後與長期服務該壇的第一代弟子黃懷杰道長、資深的周修忠老道長，以及2021年12月28日與乩手趙鐵華道長的訪談，據他們的憶述，其時正值是香港日佔期間，炮火連天，死傷枕藉、餓殍遍野，如此浮生亂世，聚居於九龍城營生的潮籍善信，他們篤信黃大仙，都想到嗇色園祈求仙師的庇祐，其間路途雖不遠，然途中關卡重重，且屢受日軍哨站士兵凌辱，令眾人無法忍受。據周修忠老道長說，潮籍人士一向團結，尤其不能容忍婦孺受辱，特組織了「文團」實行武裝自衛。對此局面，經營糧米業的潮商周亮星道長聯同幾名友人：周振德、周秩秋、黃伯雄等，於1942年4月15日（農曆壬午年三月初一）專程到竹園黃大仙祠請聖，虔誠乞求仙師香火，在壇內的香爐中取出小撮爐灰，傳奉到九龍土瓜灣北帝街二十三號三樓新堂的爐內，意謂從嗇色園「分香」另設新壇。

九龍城的潮籍鄉親之所以對嗇色園黃大仙有如此深厚的尊崇，相信和黃大仙祠一直以來，多次為社會災情啟壇超度有關，其中尤其是1922年的超度風災幽靈，以及1923年首建萬善緣並附薦先靈的二十一天法會，對潮籍鄉親是極大的撫慰。原因是1922年在潮汕發生了一次近100多年以來，中國損失最嚴重的風災，這場颱風亦波及香港，傷亡過萬，但最為嚴重的是潮汕地區，造成汕頭約有4到8萬人喪生，有的學者則認為，這場颱風甚至可能造成有10萬人死亡。據《潮州志》載：「（1922年）8月2日下午3時風初起，傍晚愈急，9時許風力益厲，震山撼嶽，拔木毀屋；加以海汐驟至，暴雨傾盆，平地水深丈餘，沿海低下者且數丈，鄉村被捲入海濤中；已而颶風回南，廬舍傾塌者尤不可勝數。災區淹及澄海、饒平、潮陽、南澳、惠來、汕頭等縣市……計澄海死者二萬六千九百九十六人，饒平近三千人，潮陽千餘人，揭陽六百餘人，汕頭二千餘人，統共三萬四千五百餘人。廬舍為墟，屍骸遍野，逾月山陬海筮積穢猶未能清"。」潮汕籍人，

一向講究敬天法祖，極重鄉誼，九龍城一帶聚居的鄉親，遠離故土，在外打拼，身處異地他鄉，只能以道教儀式超度先靈。道教科儀以「濟生度死」為宗旨，一方面有為現世祈求神明賜福消愆，另一方面有為亡者祈求神明超度的意義，嗇色園當年及時的超度法會，對九龍城的潮籍鄉親起了很及時的安陰利陽的作用。

新壇甫立，大家商議設壇扶乩，為鄉親和善信化解厄劫。四月二十二日初次啟壇，仙師乩示全體門生膳素十二天，每晚以七色花水沐浴，五月初五第二次開壇已順利扶鸞。同月十五日，仙師再次臨壇，命首徒張向仙師為該壇的專使，並乩示：「德雄二生（指周振德、黃伯雄），曾習翰墨，有端緒矣。茲無庸贅……為慰眾衷特賜此地為「駐憩亭」，以備本師乘興遊覽焉……」八月二十日，遷壇九龍城聯合道38號三樓。1942年壬午九月十五日，乩示《天旨》：「駐憩亭諸子善念可嘉，仁風足式……今勅令賜駐憩亭為元清閣，供奉赤松仙子。」

至此，元清閣正式成立，並定農曆十月十日為成立紀念日，第一任閣長是黃伯雄，組成理事會管理閣務，其後每兩年即改選理事。為遵從《天

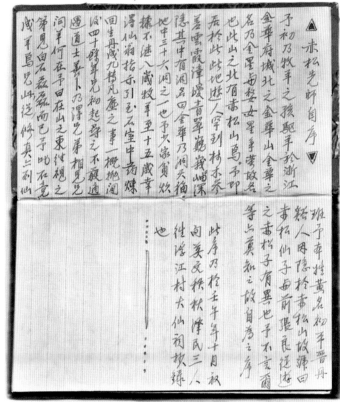

1942年，正式成閣之初，幾位弟子專程到浮江村大仙祠抄錄的《赤松先師自序》（原載元清閣網頁）

141

旨》之旨意，在其後的戰亂日子及戰後的艱難歲月，壇中如閣長黃伯雄以及弟子周亮星、周英文、周秩秋、陳大新、周永隆、蔡雄等等多為經營糧油米業者，聯同善信一起積極地施粥賑饑，造福一方。

1950年1月，九龍城木屋火災，元清閣同人即時
組織弟子現場施粥賑饑。（照片由書作坊出版社提供）

　　元清閣自1942年成壇後，直到九十年代之前很長一段時日，都是於以半開放式的壇堂供潮籍鄉親們到壇參拜和問事，其時皈依的弟子，都是經由仙師批準，有時候仙師也會臨壇，指示一些弟子的家屬或到場的善信皈依云云，所以弟子也自動成為會員。1962年正式注冊成為慈善社團，以有限公司形式管理，理事會數年一任。據《黃大仙元清閣會員手冊》所載：「理事會成員必須由黃大仙師乩示欽點，依照乩文排名次序，首位為理事長，第二至第六五為副理事長，第六以後各位為理事。」此乩示出理事名單的傳統，至九十年代以後，因對外開放而倍添不少新會員以後，已改為以全體會員大會投票選出，原先兩年一任自2021年起改為五年一伍。據知，在五十年代之前，仙師多次乩示當年的理事，朝向九龍青山道山麓一帶覓地建閣。到了五十年代初，社會民生已趨安定，閣內弟子正準備覓地建壇之際，新入道的弟子商人陳創穆道長，感恩入道後仙師治癒其久醫不癒的皮膚病，捐資購入座落在青山道山坡的萬尺地皮，據說該地按當時

黃大仙信俗

政府的規劃是屬於墓葬地，由於呈祥道尚未開發，到該處得從青山道走下山坡才可到達，交通不算方便，所以每尺僅售一元。據道的回憶，建閣之初，不少弟子合力捐資，雖云也有請建造的工人，但眾人齊心協力，盡顯道心，逐步修建，歷經數年，殿閣始建落成。

元清閣大門

1955年落成開光，眾道侶攝於閣前。
（照片由書作坊出版社提供）

第六章 香江處處有仙蹤

元清閣供奉的黃大仙像，據說由
黃大仙首徒張禹仙師降乩繪出。
（照片由書作坊出版社提供）

元清閣弟子按大仙寶像臨摹的油
畫，現藏於元清閣會客室。（照片由
游子安提供）

　　元清閣雖云分香自嗇色園黃大仙祠，但其壇堂佈陳自成一格，稱之為
「一壇三堂」。三堂即中為黃大仙師，兩則分別以左文右武守護壇堂。左
是仙師的首徒張禹仙師，負責掌管風雷令，右邊是二徒弟王章仙師。聖像
可見，祂持劍肅立，據說是守護乩壇。此佈陳是1953年在建閣於青山道時
向大仙請示而底定。而壇中供奉的仙師寶像據吳麗珍在九十年代中訪問黃
懷杰道長的憶述，大仙寶像像是1947年一次扶乩活動中，黃大仙的首徒張
禹仙師臨壇，乩手以桃木的炭枝為乩筆，假乩手以線條繪出大仙的半身輪
廓像，其後由道侶在其上設色而成，所以可說是大仙的自畫像。此大仙寶
像手執塵拂，衣道服，神蘊生動，雙目炯炯有神。筆者認為與嗇色園的硃
砂白描像相比，此像相對有透視、有色彩，更接近現代的審美訴求。

　　元清閣自創壇始，原只供潮籍鄉親參拜問道，直至1992年經理事會全
人商議，一致同意對外開放。因到來求乩問事信眾日增，每月初一、十五

特設專車自美孚接載善信到壇，期間更有中醫師到壇義診，病者亦可通過扶乩求取仙方，中午設有免費齋招待，所以經常以流水席筵開百桌。

　　元清閣除了以扶乩作為為善信問事、求方，以解困憂外，每逢節誕新春，都有誦經及啟建祈福法會。乩手是閣內挑選合適人選自行培訓，啟壇的經生過去多年都是分別禮請佛教的高僧或是道教的高道到閣內主持經懺、法

元清閣「一壇三堂」的佈陳（2021年10月攝，照片由書作坊出版社提供）

元清閣乩壇，左二為現任乩手趙鐵華道長。（2021年10月攝）

145

會，如沙田證覺精舍的願西法師在八九十年代就多次啟壇演法；此外也先後禮請過如慶雲閣苑、純陽仙洞以及慶雲道社的高道誦經。在元清閣每年多次啟建的的法會中，最為特別的是在農曆的八月二十三日大仙誕以後，由二十四日至二十六日一連三日的「超度解劫法會」。一般而言，無論是佛教或道教，都是安攤在七月十四日前後作超度的法會，但據趙鐵華道長的解釋，事緣乩示稱七月佛門關開放，雖各寺院或道壇都分別有盂蘭法會，但往往有老弱病傷的眾生未能及時領到所需的祭品，所以囑元清閣的弟子，以懇切悲心在大仙誕後一連三日誦經超度，所以每年大仙誕日，不少孳子及信眾到壇，一是禮謝大岱的庇祐，同時也附薦超度先祖。

2021年農曆八月二十四日至二十六日超度解劫法會文榜（2021年10月攝）

　　元清閣的弟子一向重視道緣的建立，早在1992年就到浙江的金華黃大仙出生、成道的祖庭「認祖」，其時當地的赤松黃大仙宮尚未重建；1996年在祖庭重建開光日，更組成百人團前往朝拜，每位弟子更以黃大仙師1668年華誕，每人各向祖庭捐獻1668元以作弘法之用。此外，為弘揚黃大仙「普濟勸善」以及「誠教信義・清靜明肅」的信仰宗旨，創會道長周亮星以答謝大仙庇祐其一直生意順景為由，特捐資在家鄉廣東汕頭市的峽山創立元真閣。在一眾弟子的支持下，又在澳州的新南威爾斯州沃隆岡（Wollongong）創緣清宮（又名「黃大仙文化中心」）道化南天。

愿誠園

九龍深水埗北河街165-167號大利樓8字樓

創辦年份：1998年

愿誠園1997年由釋願西法師、陳維哲道長、柯邦傑道長，陳梅芬道長、陳伸南道長初創於加拿大溫哥華，1998年回歸香港重設道壇宣道弘法。宗旨為：「宣揚佛道、發揚光大、普濟勸善、贈醫施藥、扶老攜幼、造福社會」，以仙師降乩恩賜仙方，為善信解厄脫困，濟世為懷。

上述幾位創壇者，除願西法師以外，都是早年入道於元清閣的道長，其中陳維哲道長原從事霓虹招牌業務，1986年在元清閣入道，其後在1995年又在嗇色園普宜壇求道，道號醒知。陳道長在九十年代初在元清閣習乩，1990年成為乩手，他善於乩方，每星期六到元清閣義務為善信以扶乩開方，到壇求方者眾。陳道長及幾位創壇道長心存善念，有感到元清閣來求方的善信，雖然有專車從美孚新邨送達到呈祥道的山門，但登上大殿仍需爬上逾百級石級，再者到了冬季，傍晚五六點回程時天已盡黑，眾人每每摸黑下山，對年長的善信而言，並不方便，因而沉思著想辦一個道堂在

1998年6月24日，愿誠園第一屆董事會成立合照。攝於尖沙咀舊壇前。

愿誠園供奉的大仙像，以嗇色園的
殊砂白描像為藍本，經設色而成。

市區以方便信眾，於是將想法問乩於元清閣壇前，竟獲仙師贊成，並賜壇名「愿誠園」。

　　眾人在籌建新道壇之時，諸事紛繁，有待落實，正躊躇間，適逢沙田證覺精舍的願西法帥有意到加拿大視察並計劃在當地設新道場，而陳道長的女兒其時已在多倫多經營超級市場，大家心想，當地有數十萬的香港移民及華裔人士，或可以將愿誠園的道壇設於當地，亦是弘法闡道。於是與願西法師結伴同行前往加拿大。願西法師早在八十年代因多次為元清閣的法會主持啟壇科儀，與陳道長以及眾道侶稔熟。法師對幾位道長的大悲之心，很表贊同，所以在其後的二十多年裡，直至2021年12月法師捨報西歸，法師一直是愿誠園的董事甚任主席，對愿誠園的道務予以支持。

　　據2021年12月23日訪問陳維哲道長的憶述，在加拿大設壇並沒有想像中順利，再者各人要顧及香港的業務，要經常往來港、加兩地，未能長駐奉祀眾仙佛，遂議決回港設壇。回港以後，認識了慕道的黃燊華道長及黃廣道長，黃廣道長更借出尖沙咀的物業作為道壇之用，過程中又得多位道長及大德出資贊助玉成。

願西法師為北
河街新壇開光
(2010年)

願誠園的「六師寶殿」 (2021年)

　　願誠園於1998年5月26日(農曆戊寅年五月初一日) 正式成立，於2000年4月加入香港道教聯合會，正式成為團體會員，隨即於2000年5月15日在香港特別行政區註冊成為非牟利宗教慈善團體。壇場內初始供奉觀音大士、黃大仙仙師、華陀仙師三聖。由於陳維哲道長是嗇色園的弟子，所以壇堂的上供奉的黃大仙師像係以嗇色園的殊砂白描像為藍本，經問乩得仙師指示

設色而成，聖像色彩華而不俗，懸於壇上，仙師形象更見鮮明。

　　經過十多年的努力，願誠園道務宏展。2010年，道壇遷往自置的現址，加設供奉呂祖仙師、關聖帝君及斗姥元君三聖，寶殿遂題名為「六師寶殿」。

　　願誠園現有弟子及經生百多人，黃大仙師於戊寅年五月廿五日（1998年）降乩賜訓示乾道門生道號以『仁、義、道、德、忠、智、誠』順序取

節誕期間誦經祈福

之，坤道門生道號以『觀、慈、真、心、清、靜、信』取名。因嗇色園只收乾道（男）弟子，所以嗇色園道長的多位家眷，都在此壇入道。自2005年至今的多屆的董事會，均由陳維哲道長任主席，陳道長深感道堂的發展，最好有自己的經團，因為修道之人，虔誦經懺，既是學道的修為，而且也可以服務信眾，因此他和夫人陳梅芬道長，在2005年專程到嗇色園參加經訓班，由此再創立願誠園的經團。據陳道長稱，目前園內有經生十多人，不少都是新入道數年的年青道長，雖然由於傳統的關係，每年的盂蘭勝會都按舊例請釋家的法師啟壇，但其他的節誕科儀，已可以由園內的經生念誦經懺。有了自己的經團以後，陳道長主動積極地參與不少社會的服

主持道教婚禮

主持開筆禮

願誠園乩壇，每月初一、十五及逢星期六，會為到壇求乩的善信問事及開方。

151

務，如應華人廟宇委員會之邀，主持在車公廟舉行的道教婚禮、為小朋友主持開筆禮等等。

現時愿誠園的扶乩活動安排在每月的初一、十五以及逢星期六舉行，由陳維哲道長以「人」字乩扶鸞，乩壇前由正副乩手二人各持一柄端，在大圓銅盆上滑動出乩示，旁為報字、錄文各一人或以上，共同合作進行，形式基本與元清閣相同。據聞，到愿誠園求乩者不少，其中以求仙方更多，陳道長為使各藥方更為精準，曾學中醫七年，並考取了各科的文憑。此外，每年逢農曆五月初五午時會恭請赤松黃大仙師及四大金剛降臨愿誠園乩壇，用硃砂筆賜靈光符、百解符、消災解厄符、鎮宅符、出入平安符、辟邪符等。並用飛水過的硃砂賜可供食用的藥靈符，供有需要善信請用，費用全免，所以極受善信歡迎。

第七章

結語——百載傳承 走向世界

　　非物質文化特點是以人為載體、以人為主體，傳承和延續主要靠傳承者的口傳心授、代代相傳。

　　香港黃大仙信俗傳承團體為嗇色園，近百年來，貫徹黃大仙「普濟勸善」之宗旨與「有求必應」之厚德。難能可貴的是，清末以來至1960年代，廣東三間黃大仙祠相繼廢圮，在近現代傳承過程出現斷層；而嗇色園普宜壇成為碩果僅存供奉黃大仙的祠廟，一直薪火相傳至今，延綿道脈，成為與香港社會同步成長的著名祠宇。

胡志明市慶雲南院奉
祀赤松黃大仙

　　2013年嗇色園以「香港黃大仙信俗」申請國家級非物質文化遺產，2014年底通過；回想1915年西樵普慶壇道長將大仙畫像帶來香港，時剛滿一百年，可說是殊勝因緣。黃大仙祠終年香火鼎盛，入園參訪善信及中外遊客，每日平均人數逾一萬人次，其影響無遠弗屆。自入選國家非遺名錄，嗇色園更著重大仙信仰保育與傳承，近年更積極傳揚大仙信仰，與其他地區團體加強交流，如2017年派出經生法師團主持大獻供科儀，為澳門祈福。2019年在中國台灣佛光山的「世界神明聯誼會」，近百名之經生、弟子等參與演法「禮十方科儀」。

　2019年，嗇色園經生在佛光山參與禮十方科儀

新加坡青松觀奉祀赤松黃大仙

巴黎的法國潮州會
館奉祀赤松黃大仙

澳洲艾士菲黃大仙祠

悉尼赤松黃
大仙緣清宮

美國洛杉磯南加洲
黃大仙祠

　　隨著香港信徒行腳，海內外的黃大仙信仰，遍及東南亞、歐美澳洲等地都有供奉，如巴黎潮州會館、胡志明市慶雲南院、澳洲悉尼黃大仙緣清宮、新加坡青松觀都有奉祀。另一顯著例子是巴黎的法國潮州會館，近年才增奉赤松黃大仙及提供黃大仙靈籤予信眾問事。嗇色園近年倡議成立「國際黃大仙信俗文化會」，連結浙江金華等地區及國際間的黃大仙信徒，為弘揚及傳承大仙信仰而努力。

　　國務院於 2019 年 2 月 18 日公布《粵港澳大灣區發展規劃綱要》，是

黃大仙信俗

新時代國家改革開放下的重大發展策略,規劃近期至 2022 年,遠期展望至 2035 年。粵港澳大灣區(大灣區)是一個充滿活力的城市群,除了基建、金融、科創等區域深度合作及融合發展,發展規劃還引領區內城市與特區成為文化灣區,並有助香港進一步發展成為《十四五規劃綱要》下的中外藝術文化交流中心。早在2017年,廣州市赤松宮普濟殿開工,願誠園等大仙弟子參與典禮,可見省港大仙信仰、港澳道教與廣東地區同根同源。在此時代呼聲之下,2022 年 8 月 31 日為傳承中華傳統文化,嗇色園成立了一所文化藝術推廣中心—文藝苑。為推廣黃大仙信俗文化,嗇色園特別舉辦「第一屆黃大仙信俗文化節」,並以「傾聽・歷史回聲」為主題,寄意文化承傳人在當下敲響溯古的銅鐘,邁過漫長的歷史恆河,由傳統回饋予現代的裊裊餘音。又,為配合嗇色園一百周年紀慶,持久地建立一系統的平台,將信俗文化內涵推廣給八廣大善信,嗇色園董事會於2021年成立「黃大仙信俗文化館」。此文化館以「融和現代科技弘揚傳統文化」為目標,乃全港首間由傳承團體創建的非遺項目主題展覽館。

1921年嗇色園普宜壇設立,是黃大仙信仰在香港落地生根的標誌,也可以說是一個艱辛過程。而成為信俗的意義,在香港經百年的傳承和社會實踐,已形成了一種宗教慈善文化信俗,其更重要的意義是帶動起大眾對行善的熱情參與,從而造福社會。黃大仙信仰在不同地區流播,可說是有各領風騷的年代。從傳播路徑大體來說,三位遍及海內外神明信俗之傳揚:

關公信俗,從山西走向世界;
媽祖信俗,從福建走向世界;
黃大仙信俗,從香港走向世界。

黃大仙信俗,是從香港走向世界。繼往開來,此後將賡續和臻善大仙信仰的傳奇。

參考文獻及書目

原始資料

（一）乩訓、經書

1. 《黃大仙自述》
   據說《自述》是光緒二十三年（1897）黃大仙在菩山普濟壇降筆寫成。
2. 《驚迷夢》十週年紀慶普宜壇重新排印出版。
3. 《醒世要言》1991年嗇色園七十週年紀慶普宜壇影印重刊。
4. 《黃大仙寶懺》
5. 《黃大仙真經》1915年新刻，普慶壇藏板。
6. 《普慶幽科》1918年新刻，普慶壇藏板。
7. 《三教明宗》嗇色園六十年代印行
8. 《赤松黃大仙乩示》（1930年）、《黃大仙嗇色園規則》（1933年）、《赤松黃大仙乩訓規章》（1934年）、《鍾太傅乩賜聯文》（1937年），皆相架裝裱之墨書。（見科大衛編《香港碑銘彙編》）

（二）文 獻

1. 《普濟壇同門錄》
2. 《普宜壇同門錄》
3. 《嗇色園史蹟之概述》梁鈞轉手稿影印本，未刊行。
4. 《金華風貌》梁本澤手稿影印本，未刊行。

（三）碑刻文字

嗇色園園內仍保留之碑刻，如《孟香亭紀念碑》（1934年）、《重建金華分蹟牌坊及增建贈醫施藥局碑記》（1955年）、《九龍壁記並序》（1981年）等

（四）報 章

香港《華僑日報》歷年剪報
《香港工商日報》歷年剪報

紀念特刊及年報

（一）建堂、開幕、擴置新址

《東華三院嗇色園（合建）赤松黃大仙祠牌坊落成紀念特刊》（1968年）
《赤松黃大仙祠重建落成開幕典禮特刊》（1973年）

《嗇色園重建經堂、麟閣、意密堂落成揭幕典禮特刊》（1982年）

《嗇色園擴建醫藥局奠基典禮》（1978年）

《嗇色園興建可敬護理安老院奠基典禮》（1978年）

《嗇色園社會服務大樓開幕典禮紀念特刊》（2000年）

（二）創立週年紀念特刊、年報、園訊

《嗇色園金禧紀慶赤松黃大仙祠重建奠基典禮特刊》（1971年）

《嗇色園六十週年鑽禧紀念暨鳳鳴樓九龍壁落成揭幕典禮特刊》（1981年）

《嗇色園創立六十週年鑽禧紀慶暨醫藥局擴建落成開幕典禮特刊》（1981年）

《嗇色園七十週年紀慶特刊》（1991年）

《嗇色園七十五週年紀念特刊》（1996年）

《嗇色園八十週年特刊》（2002年）

《嗇色園九十周年紀慶特刊》（2010年）

《嗇色園黃大仙祠己丑年廟會：紀念特刊》（2012年）

《嗇色園九十五周年紀念特刊暨〈社區服務盛在仙祠〉巡迴展相片集
(2017年）

《嗇色園年報》，至2019，每年一刊。

《嗇色園園訊》，第1-41期。

《尊道重禮：道教經壇文物展專輯》，香港：嗇色園，2012。

專書：

1. 《善道同行》編輯委員會編，《善道同行》------嗇色園黃大仙祠百載道

2. Graeme Lang ,Lars Ragvald , The rise of a refugee god : Hong Kong's Wong
   Tai Sin, Hong Kong : Oxford University Press, 1993.

3. 吳麗珍《香港黃大仙信仰》，香港：三聯書店, 1997。

4. 游子安主編、危丁明、鍾潔雄合撰《香江顯迹——嗇色園歷史與黃大仙
   信仰》，香港：嗇色園，2006。

5. 黃兆漢著《道教研究論文集》香港中文大學出版社1988。

6. Chan Ching, Selina&Lang Graeme,The return of the refugee god :
   Wong Tai Sin in China, Hong Kong : Centre for the Study of Religion and
   Chinese Society, Chung Chi College, The Chinese University of Hong Kong

7. 游子安主編、危丁明、鍾潔雄合撰《爐峰弘善：嗇色園與香港社會》，
   香港：嗇色園，2008年。

8. 游子安主編、危丁明、鍾潔雄合撰《道風百年：香港道教與道觀》，香
   港：蓬瀛仙館道教文化資料庫、利文出版社, 2002年。

9. 游子安,蕭放主編《黃大仙信俗與非物質文化遺產國際學術研討會論文
   集》，香港:嗇色園, 2022。

後 記

　　黃大仙信仰初起於浙江金華地區，明清之際傳入嶺南。從番禺始基，花埗弘揚，西樵遷化，到香江顯跡，流播至今一百多年。嗇色園、元清閣、願誠園，皆奉祀赤松黃大仙的壇堂，由仙師弟子選址九龍創建，同以「普濟勸善」為宗旨。兼奉黃大仙的廟宇則甚多，筲箕灣譚公廟、香港仔天后廟、梅窩白銀鄉文武廟等等。及後仙師信仰遠傳海內外，遍及東南亞、歐美澳洲等地。2012年香港地道的宗教民俗「黃大仙信俗」申報為第四批國家級非物質文化遺產名錄，嗇色園委託我們為申報材料撰寫人。2014年12月獲評審委員全票數通過。《香港黃大仙信俗》一書於嗇色園百周年紀慶後出版，可說是適逢其會。

　　我們衷心感謝嗇色園監院李耀輝道長，允為本書撰序，帶來點睛之效。在圖文資料方面，得陳焜先生、李志誠博士協助，特申謝忱。本書寫作分工如下：第一章從信俗類「非遺」說起、第五章「國家級非遺」後的新動向、第七章結語：百載傳承 走向世界，由游子安撰寫；第二章源與流：浙江與廣東地區的「黃大仙信仰」、第三章背枕獅山 區以神名，由危丁明執筆；第四章信仰為經 善業為緯、第六章香江處處有仙蹤，由鍾潔雄撰著。我們三位著者，早於本世紀初編成《道風百年——香港道教與道觀》，與道結緣。繼而編寫《香江顯迹　嗇色園歷史與黃大仙信仰》、《爐峰弘善：嗇色園與香港社會》等書。《香江顯迹》著墨仙師信仰的歷史根源與壇堂軌跡；《爐峰弘善》素描嗇色園善業及其社會實踐；《香港黃大仙信俗》則細訴仙師信仰的傳承與流播。二十年來，三部書出版好比「仙跡傳奇」三部曲。

　　《香港黃大仙信俗》一書編入「香港非物質文化遺產系列」，乃2019年「伙伴合作項目」資助計劃「香港非物質文化遺產代表作名錄」項目研究及專刊之成果。今付梨棗，無比欣喜。百年香江，仙師顯跡；適時應化，發揚傳統；繼往開來，異彩綻放。我們仁為神明服務，書寫「普濟勸善」之厚德，祈願仙師眷佑香江百年再百年。

游子安

香港珠海學院中國文學系

2023年1月11日

香港非物質文化遺產系列

香港黃大仙信俗

游子安　危丁明　鍾潔雄　編 著

攝　　影　李永能
排　　版　Ken Lee
編輯校對　Kit Chung

出　　版　書作坊出版社

發　　行　利源書報社
　　　　　香港 新界 荃灣 德士古道220號荃灣工業中心 16樓
　　　　　(852) 2150 2100
　　　　　info@suplogistics.com.hk

印　　刷　美雅印刷製本公司
　　　　　香港觀塘榮業街6號海濱工業大廈四樓A室

版　　次　2023年3月初版

規　　格　大16開（287mm X 178mm)
ISBN 978-988-77268-1-4